Liderar é Influenciar

John C. Maxwell & Jim Dornan

LIDERANÇA

Liderar é Influenciar

Seja agente de transformação positiva em qualquer ambiente

Vida Melhor

Rio de Janeiro, 2019

Título original
Becoming a person of influence
Copyright da obra original © 1997 por Maxwell Motivaions, Inc
Edição original por Thomas Nelson, Inc. Todos os direitos reservados.
Copyright da tradução © Vida Melhor Editora LTDA., 2011.

Publisher
Omar de Souza

Editor responsável
Renata Sturm

Produção editorial
Th alita Aragão Ramalho
Daniele Duarte Dortas

Capa
Guther Faggion

Tradução
Leonardo Barroso
Lena Aranha

Copidesque
Fernanda Silveira

Revisão
Margarida Seltmann
Cristina Loureiro de Sá

Diagramação e projeto gráfico
Catia Costa

CIP-BRASIL. CATALOGAÇÃO-NA-FONTE
SINDICATO NACIONAL DOS EDITORES DE LIVROS, RJ

M 4191   Maxwell, John C., 1947-

Liderar é influenciar: seja agente de transformação positiva em qualquer
ambiente / John C. Maxwell e Jim Dorman; [tradução Leonardo Barroso e Lena
Aranha]. – Rio de Janeiro: Thomas Nelson Brasil, 2011.

Tradução de: Becoming a person of influence
ISBN 978-85-7860-183-6

1. Influência (Psicologia). 2. Liderança. 2. Sucesso. I. Dornan, Jim. II. Título.

11-3515   CDD: 158.2
                                                          CDU: 159.92

Thomas Nelson Brasil é uma marca licenciada à Vida Melhor Editora LTDA.
Todos os direitos reservados à Vida Melhor Editora LTDA.
Rua da Quitanda, 86, sala 218 – Centro – 20091-005
Rio de Janeiro – RJ – Brasil
Tel.: (21) 3175-1030
www.thomasnelson.com.br

Para todos aqueles que foram pessoas de influência em nossa vida, e especialmente para Eric Dornan, cuja vida, experiência e atitude contribuíram de forma mais significativa do que qualquer outra coisa para a habilidade de Jim e de Nancy de influenciar positivamente as pessoas.

Sumário

Prefácio..9

Agradecimentos...11

Introdução...13

1. Uma pessoa de influência tem...
Integridade entre as pessoas................................29

2. Uma pessoa de influência...
Alimenta as outras pessoas..................................53

3. Uma pessoa de influência tem...
Fé nas pessoas..83

4. Uma pessoa de influência...
Ouve as pessoas..103

5. Uma pessoa de influência...
Entende as pessoas...127

6. Uma pessoa de influência...
Engrandece as pessoas.......................................151

7. Uma pessoa de influência...
Conduz outras pessoas.......................................175

8. Uma pessoa de influência...
Conecta-se com as pessoas.................................199

9. Uma pessoa de influência...
Capacita as pessoas..219

10. Uma pessoa de influência...
Reproduz outras pessoas influentes....................241

Notas...259

Sobre os autores.. 263

Prefácio

Quando nós dois nos conhecemos alguns anos atrás, sentimos na hora que havia grande química entre nós, quase como a de irmãos. Tínhamos tanto em comum — apesar de virmos de criações tão diferentes. Jim passou os últimos trinta anos no ambiente de negócios ensinando às pessoas como se tornarem bem-sucedidas. No processo, construiu uma organização de negócios mundial. Por outro lado, John passou os últimos vinte e oito anos trabalhando em um ambiente sem fins lucrativos como pastor, executivo religioso e palestrante motivacional. É reconhecido como um dos melhores preparadores nos EUA em liderança e desenvolvimento e crescimento pessoal.

O que temos em comum é uma compreensão das pessoas e do impacto positivo que a vida de uma pessoa pode ter na de outras. E tudo se resume a uma ideia: influência. Conhecemos o poder da influência, e queremos compartilhá-lo.

Então se junte a nós e continue lendo. Nós lhe ofereceremos muitos de nossos *insights*, contaremos algumas histórias divertidas e informativas, e compartilharemos princípios explosivos que têm o poder de mudar sua vida — e a de todas as pessoas que você puder influenciar.

Agradecimentos

Existem pessoas especiais em nossa vida cujo encorajamento e assistência tornaram este livro possível:

Para *Margaret Maxwell*, cujo apoio positivo tornou possível que seu marido se tornasse uma pessoa de influência.

Para *Nancy Dornan*, uma influência incrível para seu marido, sua família e para centenas de milhares de pessoas em todo o mundo.

Para *Mea Brink*, por suas ideias e sua assistência neste projeto.

Para *Stephanie Wetzel*, pela correção e edição.

Para *Linda Eggers*, a melhor assistente que uma pessoa poderia ter.

Para *Charlie Wetzel*, nosso escritor, pela parceria neste livro.

Introdução

Quando você era criança, o que queria ser quando crescesse? Você sonhava em ser um ator ou cantor famoso? E presidente da república? Talvez você quisesse se tornar um atleta olímpico ou uma das pessoas mais ricas do mundo. Todos temos sonhos e ambições. Sem dúvida, você conseguiu realizar alguns dos seus. Mas, independentemente de quanto sucesso você tenha agora, você ainda tem sonhos e objetivos esperando para serem realizados. E nosso desejo é ajudá-lo a realizá-los, ajudá-lo a atingir seu potencial.

Vamos começar fazendo uma pequena experiência. Dê uma olhada na seguinte lista de pessoas. É um grupo bem diverso, mas todos têm uma coisa em comum. Veja se consegue descobrir o que é.

John Grisham

George Gallup

Robert E. Lee

Dennis Rodman

James Dobson

Dan Rather

Madonna

Hideo Nomo

Jerry e Patty Beaumont

Rich Devos

Madre Teresa

Beth Meyers

Pablo Picasso

Adolf Hitler

Tiger Woods
Anthony Bonacoursi
Alanis Morrisette
Glenn Leatherwood
Bill Clinton
John Wesley
Arnold Schwarzenegger

A influência não vem a nós de maneira instantânea.
Cresce em etapas.

Descobriu o que eles têm em comum? Certamente não são suas profissões. Os nomes foram tirados de listas de escritores e políticos, atletas e artistas, evangelistas e ditadores, atores e executivos. Homens e mulheres estão incluídos. Alguns são solteiros e outros são casados. São de várias idades. E muitos grupos étnicos e nacionalidades estão representados. Algumas das pessoas são famosas, e você provavelmente reconhece seus nomes. Mas sem dúvida nunca ouviu falar dos outros. Então, qual é a solução? O que todos eles têm em comum? A resposta é que *cada um deles é uma pessoa de influência.*

TODO MUNDO EXERCE INFLUÊNCIA

Nós criamos essa lista de forma quase aleatória, selecionando pessoas famosas, assim como pessoas do nosso dia a dia. Você poderia facilmente fazer a mesma coisa. Nós o fizemos para sustentar um argumento: todo mundo influencia alguém. Não importa quem você é ou qual é sua ocupação. Um político, como o presidente dos EUA, exerce uma tremenda influência em centenas de milhões de pessoas, não apenas em seu país, mas em todo o mundo. E artistas, como Madonna e

Arnold Schwarzenegger, muitas vezes influenciam toda uma geração de pessoas em uma ou mais culturas. Um professor, como Glenn Leatherwood, que ensinou John e centenas de outros meninos na escola dominical, toca a vida dos próprios alunos e também, indiretamente, influencia todas as pessoas que esses meninos influenciam quando adultos.

Mas você não precisa estar em uma posição de destaque para ser uma pessoa de influência. Na verdade, se sua vida se conecta, de alguma maneira, com outras pessoas, você exerce alguma influência. Tudo o que você faz em casa, na igreja, no trabalho ou no campo de futebol tem um impacto na vida de outras pessoas. O filósofo norte-americano Ralph Waldo Emerson disse: "Todo homem é um herói e um oráculo para alguém, e para essa pessoa, tudo que ele diz tem um valor aumentado."

Se seu desejo é ter sucesso ou causar impacto positivo em seu mundo, você precisa se tornar uma pessoa de influência. Sem influência, não há sucesso. Por exemplo, se você for um vendedor tentando vender mais de seu produto, você precisa conseguir influenciar seus clientes. Se você for um gerente, seu sucesso depende da sua capacidade de influenciar seus empregados. Se for um treinador, pode criar um time vencedor simplesmente influenciando seus jogadores. Se for um pastor, sua capacidade de alcançar as pessoas e fazer crescer sua igreja depende da sua influência em sua congregação. Se quiser ter uma família forte e saudável, você deve ter a capacidade de influenciar seus filhos de forma positiva. Não importa quais sejam seus objetivos na vida ou o que você deseja alcançar, você pode chegar lá mais rápido, ser mais eficiente, e sua contribuição pode ser mais duradoura se você aprender como se tornar uma pessoa de influência.

Se sua vida se conecta, de alguma maneira, com outras pessoas, você exerce alguma influência.

Uma história engraçada sobre o impacto da influência vem da administração do Presidente Calvin Coolidge. Um convidado que passara a noite na Casa Branca estava tomando café da manhã com Coolidge, e queria causar uma boa impressão no presidente. Ele notara que Coolidge, depois que seu café fora servido, pegou a xícara de café, derramou parte de seu conteúdo em um pires fundo, e adicionou um pouco de açúcar e creme. Sem querer quebrar quaisquer regras de etiqueta, o visitante seguiu o exemplo do chefe e derramou parte do café em seu pires e adicionou açúcar e creme. Então esperou pelo próximo movimento do presidente. Ficou horrorizado ao vê-lo botar o pires no chão para o gato. Ninguém registrou o que o visitante fez em seguida.

SUA INFLUÊNCIA NÃO É IGUAL COM TODAS AS PESSOAS

A influência é uma coisa curiosa. Embora exerçamos um impacto com quase todos à nossa volta, nosso nível de influência não é o mesmo com todo mundo. Para ver esse princípio em ação, experimente dar ordens ao cachorro do seu melhor amigo na próxima vez em que você o visitar.

Você pode não ter pensado muito nisso, mas provavelmente sabe instintivamente com quais pessoas você exerce grande influência e com quais você não exerce. Por exemplo, pense em quatro ou cinco pessoas com quem você trabalha. Quando você apresenta uma ideia a elas ou faz uma sugestão, todas reagem da mesma maneira? Claro que não. Uma pessoa pode achar que todas as suas ideias são inspiradoras.

Outra pode entender tudo o que você diz com ceticismo. (Sem dúvida você pode identificar em qual você exerce influência.) No entanto, essa mesma pessoa cética pode amar toda e qualquer ideia apresentada pelo seu chefe ou por um de seus colegas. Isso simplesmente mostra que sua influência com ela pode não ser tão forte quanto com outra pessoa.

Uma vez que você comece a prestar mais atenção às reações das pessoas a você e aos outros, perceberá que as pessoas reagem umas às outras de acordo com seu nível de influência. E rapidamente reconhecerá quanta influência exerce em várias pessoas em sua vida. Você pode até notar que sua influência está em muitos níveis diferentes em sua casa. Se você é casado e tem dois ou mais filhos, pense em como eles interagem com você. Um filho pode reagir de forma especialmente boa a você, enquanto outro se dá melhor com seu marido ou sua mulher. É uma questão de qual pai tem mais influência com o filho.

ESTÁGIOS DA INFLUÊNCIA E SEU IMPACTO

Se você já leu *Developing the Leader Within You* [Você nasceu para liderar], provavelmente se lembra da descrição dos cinco níveis de liderança no capítulo 1. Visualmente, é assim:

Individualidade
Desenvolvimento de pessoas
Produção
Permissão
Posição

A liderança (que é uma aplicação específica da influência) está em seu menor nível quando é fundamentada apenas na posição. Cresce para um nível maior quando você desenvolve relacionamentos com os outros. É aí que eles lhe dão permissão para liderar além dos limites da descrição do seu cargo. À medida que você e seus seguidores se tornam mais produtivos juntos no trabalho, então sua liderança pode ir para o nível 3. E quando você começa a desenvolver as pessoas e ajudá-las a atingir seu potencial, sua liderança sobe para o nível 4. Apenas algumas pessoas alcançam o nível 5, porque isso exige que uma pessoa passe uma vida inteira desenvolvendo os outros a seu máximo potencial.[1]

A influência funciona de forma semelhante. Não vem a nós de forma instantânea; cresce em etapas. Visualmente, parece mais ou menos assim:

Multiplicar
Orientar
Motivar
Modelar

Vamos imaginar cada nível:

Nível 1: Modelar

As pessoas são influenciadas primeiramente pelo que veem. Se você tiver filhos, então provavelmente já observou isso. Independentemente do que você mandar seus filhos fazerem, a inclinação natural deles é seguir o que o virem fazendo. Para a maioria das pessoas, se elas perceberem que você é positivo e confiável e tem qualidades admiráveis, então elas buscarão você como uma influência em sua vida. E quanto mais elas o conhecerem, maior será sua credibilidade e maior sua influência pode se tornar — se elas gostarem do que veem.

Quando você encontra pessoas que não conhece, inicialmente você não tem absolutamente nenhuma influência sobre elas. Se alguém em quem elas confiam o apresentar a elas e o endossar, então você pode temporariamente "pegar emprestado" um pouco da influência dessa pessoa. Elas suporão que você é digno de crédito até que o conheçam. Mas assim que tiverem algum tempo para observá-lo, ou você fortalece ou derruba essa influência com suas ações.

Uma exceção interessante a esse processo de modelagem ocorre no caso das celebridades. Por ocuparem espaço na televisão, nos filmes e na mídia, muitas pessoas são fortemente influenciadas por outras que nunca encontraram. Muitas vezes, elas são influenciadas não pelo indivíduo em si, mas pela imagem dessa pessoa. E essa imagem pode não ser uma representação precisa daquela atriz, do político, do atleta ou do artista. Independentemente disso, elas admiram essa pessoa e são influenciadas pelas ações e atitudes que acreditam que essa pessoa representa.

Você pode ser um modelo para as massas, mas para atingir os níveis mais altos de influência, deverá trabalhar com indivíduos.

Nível 2: Motivar

Modelar pode ser uma influência poderosa — de forma positiva ou negativa. E é algo que pode ser feito até mesmo a distância. Mas se você quiser causar um impacto realmente significativo na vida das pessoas, tem de fazê-lo de perto. E isso o leva ao segundo nível de influência: motivar.

Você se torna uma influência motivacional quando encoraja as pessoas e se comunica com elas em um nível emocional. O processo faz duas coisas: (1) Cria uma ponte entre você e elas, e (2) aumenta a confiança e o senso de valor próprio delas. Quando as pessoas se sentem bem em relação a você e a si próprias nos momentos em que estão com você, então seu nível de influência aumenta de forma significativa.

Nível 3: Orientar

Quando você atinge o nível motivacional de influência sobre os outros, pode começar a ver um impacto positivo na vida deles. Para aumentar esse impacto e torná-lo duradouro, você deve subir para o próximo nível de influência, que é a orientação.

Ser mentor é derramar sua vida em outras pessoas e ajudá-las a atingir seu potencial. O poder da mentoria é tão forte que você chega a ver a vida das pessoas que você está influenciando mudarem diante dos seus olhos. Ao se dar, ajudando-as a ultrapassar obstáculos em sua vida e mostrando a elas como crescer pessoal e profissionalmente, você as ajuda a atingir um novo nível de vida. Você pode verdadeiramente fazer a diferença na vida delas.

Nível 4: Multiplicar

O nível mais alto de influência que você pode ter na vida das pessoas é o da multiplicação. Como uma influência multiplicadora, você ajuda as pessoas que você está influenciando a se tornarem influências positivas na vida de outras pessoas e a passarem adiante não só o que receberam de você, mas também o que aprenderam por si só. Poucas pessoas atingem o quarto nível de influência, mas todo mundo tem o potencial para tal. Requer altruísmo, generosidade e compromisso. Também exige tempo. Para subir de nível de influência com as pessoas, você tem de lhes dar mais atenção individual. Você pode ser um modelo para as massas, mas para atingir os níveis mais altos de influência, deverá trabalhar com indivíduos.

Bill Westafer, um amigo de John, que costumava trabalhar na Skyline Church em San Diego, observou: "Existem pessoas cujos sentimentos e bem-estar estão sob o alcance da minha influência. Eu nunca escaparei desse fato." É um bom conceito para todos nós lembrarmos. Se você guia muitas pessoas ou tem uma posição de destaque, tem uma responsabilidade maior por causa de sua grande influência. O que você diz — e, mais importante, o que você faz — é um modelo para os que o seguem. As ações deles refletirão sua influência.

Sua influência é positiva ou negativa

Agora que você reconhece sua influência sobre os outros, deve pensar em como a usará. O jogador profissional de basquete Dennis Rodman estava na lista de influenciadores no começo desta introdução. Muitas vezes o ouvi dizer que não quer ser um exemplo. Ele só quer ser ele mesmo. Dennis não entende (ou se recusa a admitir) que já é um exemplo. Não é uma coisa de que ele possa declinar. Ele é um exemplo para todo mundo em sua família, seus vizinhos, e as pessoas na loja do bairro onde ele faz compras. E, por causa da profissão que ele escolheu, ele é um modelo para milhões de outras pessoas — para mais pessoas do que seria se tivesse escolhido ser, por exemplo, mecânico de automóveis. Ele está influenciando os outros, e fez uma escolha em relação ao tipo de influência que está exercendo.

Mesmo se você tiver provocado um efeito negativo sobre os outros no passado, pode mudar isso e fazer com que seu impacto seja positivo.

A lenda do beisebol Jackie Robinson disse: "Uma vida não é significativa exceto por seu impacto em outra vida." O impacto de Robinson nas pessoas dos EUA tem sido incrível. Nos anos 1940, ele se tornou o primeiro atleta afro-americano a jogar na liga principal de beisebol apesar do preconceito, dos insultos raciais, dos abusos e das ameaças de morte. E ele o fez com caráter e dignidade. Brad Herzog, autor de *The Sports 100* [Os 100 dos esportes], identificou Robinson como a pessoa mais influente na história norte-americana dos esportes:

> *Primeiro, existem aqueles que mudaram o jeito como se jogavam os jogos... Depois existem homens e mulheres cuja presença e desempenho mudaram para sempre a cena dos esportes de uma maneira fundamental... E, finalmente, existem as poucas figuras dos esportes cuja influência transcendeu os campos de jogo e impactou a cultura norte-americana... Robinson, em um nível mais profundo do que qualquer pessoa, foi todos os três tipos em um.*[2]

Martin Luther King Jr., um dos norte-americanos mais influentes do século XX, reconheceu o impacto positivo que Jackie Robinson teve em sua vida e na causa pela qual lutava. Para o pioneiro do beisebol afro-americano Don Newcombe, King disse: "Você nunca saberá o que você, Jackie e Roy [Campanella] fizeram para tornar possível a realização do meu trabalho."

Na maior parte do tempo, reconhecemos a influência que temos naqueles que estão mais próximos de nós em nossa vida — para o bem ou para o mal. Mas, às vezes, deixamos passar despercebido o impacto que podemos ter em outras pessoas ao nosso redor. O autor anônimo deste poema provavelmente tinha isso em mente quando escreveu:

*Minha vida tocará dezenas de vidas antes que o dia
se acabe
Deixará incontáveis marcas para o bem e para o mal
antes que se ponha o sol
Este é o desejo que sempre desejo, a oração que sempre oro
Senhor, que minha vida ajude a vida que toca pelo caminho.*

Ao interagir com a família, os colegas de trabalho e o atendente do mercado hoje, reconheça que sua vida toca a vida de muitos outros. Certamente, sua influência entre seus familiares é maior do que em estranhos que você encontra. E se você tiver uma profissão de destaque, você influencia pessoas que não conhece. Mas mesmo nas suas interações diárias com as pessoas, você causa algum impacto. Você pode tornar os poucos momentos em que interage com um atendente de loja e um caixa de banco uma experiência miserável, ou você pode fazê-los sorrir e ganhar o dia. A escolha é sua.

PESSOAS COM INFLUÊNCIA POSITIVA AGREGAM VALOR A OUTRAS PESSOAS

Ao subir para os níveis mais altos de influência e tornar-se uma influência ativa, você pode começar a ter uma influência positiva sobre as pessoas e agregar valor à vida delas. Isso vale para qualquer pessoa com influência positiva. A babá que lê para uma criança a encoraja a amar livros e a ajuda a se tornar um aprendiz eterno. O professor que põe sua fé, sua confiança e seu amor em uma menininha, a ajuda a se sentir valorizada e bem consigo mesma. O chefe que delega a seus empregados e lhes dá autoridade e responsabilidade, aumenta seus horizontes e os capacita a se tornarem empregados e pessoas melhores. Os pais que sabem como e quando dar graça a seus filhos, os ajudam a manterem-se abertos e comunicativos, mesmo durante a adolescência. Todas essas pessoas agregam valor duradouro à vida das outras pessoas.

Não sabemos que tipo de influência você exerce sobre as pessoas hoje ao ler este livro. Suas ações podem tocar a vida de milhares de pessoas. Ou você pode influenciar dois ou três colegas de trabalho e familiares. O número de pessoas não é o mais importante. O crucial a lembrar é que seu nível de influência não é estático. Mesmo se você já tiver tido um efeito negativo sobre os outros no passado, pode mudar isso e tornar seu impacto positivo. E se seu nível de influência tiver sido relativamente baixo até agora, você pode aumentá-lo e se tornar uma pessoa de influência que ajuda os outros.

Na verdade, é sobre isso que é este livro. Queremos ajudá-lo a se tornar uma pessoa com grande influência, independentemente de que estágio da vida esteja ou o que faça da vida. Você pode ter um impacto incrivelmente positivo na vida dos outros. Você pode agregar tremendo valor a sua vida.

QUEM ESTÁ NA LISTA DE INFLUÊNCIA?

Todo mundo poderia se sentar e fazer uma lista das pessoas que agregaram valor a sua vida. Mencionamos que a lista no começo desta introdução contém os nomes de algumas pessoas que nos influenciaram. Alguns dos nomes são grandes. Por exemplo, John considera o evangelista do século XVIII John Wesley uma influência significativa em sua vida e em sua carreira. Wesley era um dinâmico líder, pastor e crítico social. Durante sua vida, virou a igreja cristã na Inglaterra e nos Estados Unidos de cabeça para baixo, e suas ideias e ensinamentos continuam a influenciar a maneira como as igrejas funcionam e os cristãos creem ainda hoje. John considera Wesley a maior pessoa que já viveu desde o apóstolo Paulo.

Outras pessoas que aparecem na lista não são famosas, mas isso de forma alguma diminui seu nível de influência. Por exemplo, Jerry e Patty Beaumont tiveram um profundo impacto na vida de Jim e de sua esposa Nancy. Esta é a história deles:

Nancy e eu conhecemos Jerry e Patty quase vinte e cinco anos atrás quando Nancy e Patty estavam grávidas, as duas. Os Beaumont eram um casal clássico — muito inteligentes e confiantes. Sentimo-nos atraídos por eles imediatamente porque parecia que eles realmente viviam bem juntos, e observamos que eles viviam suas fortes convicções espirituais com integridade e consistência.

Nancy conheceu Patty quando estavam na sala de espera do obstetra. Elas se deram bem no mesmo instante e começaram a construir um relacionamento. Não tínhamos ideia de quanto a amizade deles significaria para nós apenas alguns meses depois quando nossa vida foi virada de cabeça para baixo.

Nancy e eu lembramos hoje esses dias como uma boa época de nossa vida. Nossa filha Heather estava com cinco anos de idade, e nós a estávamos curtindo muito. Também estávamos começando a montar nosso negócio. Levaria muito tempo e energia para impulsioná-lo, mas era divertido. Estávamos começando a ver que todo o nosso trabalho ia valer a pena no futuro.

Quando Nancy me contou que estava grávida, fiquei extasiado. Isso significava que nossa pequena família estava prestes a crescer, e esperávamos que nosso segundo filho fosse um menino.

Depois de nove meses de uma gravidez de rotina, Nancy deu à luz nosso primeiro filho, Eric. Inicialmente tudo parecia estar normal. Mas algumas horas depois, os médicos descobriram que Eric tinha nascido com alguns problemas físicos sérios. Suas costas estavam abertas e sua coluna não tinha se formado apropriadamente. Eles nos disseram que o bebê tinha uma desordem chamada espinha bífida. Para piorar as coisas, seu fluido espinhal tinha sido infectado durante o parto, então ele estava sofrendo de uma grave meningite sistêmica.

Nossa vida inteira parecia estar um caos. Depois das horas de parto de Nancy, estávamos exaustos e confusos. Disseram-nos que Eric precisava de uma cirurgia no cérebro, e que tínhamos de tomar uma decisão naquele momento. Sem ela, ele não teria a menor chance. Mesmo com ela, não tinha muita. Choramos enquanto preparavam nosso garotinho — com apenas algumas horas de vida — para transportá-lo ao hospital infantil para uma cirurgia de emergência no cérebro. Tudo que podíamos fazer era orar para que ele sobrevivesse.

Esperamos por horas, mas os médicos finalmente saíram e nos disseram que Eric ia sobreviver. Ficamos estremecidos quando o vimos depois da cirurgia. Não sabíamos como alguém tão pequeno poderia ter tantos fios conectados. A abertura em suas costas estava fechada, mas podíamos ver que tinham implantado cirurgicamente um tubo em seu cérebro para drenar o excesso de fluido espinhal e aliviar a pressão.

O primeiro ano da vida de Eric foi nebuloso para nós, pois repetidas vezes ele teve de ir ao hospital. Nos primeiros nove meses, ele passou por mais onze cirurgias — três das quais em um só fim de semana. As coisas estavam acontecendo tão rápido, que estávamos assoberbados, e não podíamos nem compreender o que poderíamos ter de enfrentar no futuro.

Enquanto estávamos tentando sobreviver às idas no meio da noite ao hospital e aguentar a dor e o medo que tínhamos por Eric, adivinhe quem veio ao nosso lado e nos ajudou a sobreviver a cada dia? Jerry e Patty Beaumont. Eles tinham ido ao hospital no primeiro dia da vida de Eric e nos dado conforto e encorajamento enquanto ele estava na sala de cirurgia. Eles levaram comida para nós e estiveram conosco em salas de espera de hospitais. E o tempo todo eles compartilharam sua incrível fé.

Mais importante, eles nos ajudaram a crer que Deus tinha um plano especial para Eric e para nós. "Sabe," disse Patty a Nancy certo dia, "você e Jim podem fazer dos problemas de Eric o centro de tudo que fazem, ou podem usá-los como plataforma de lançamento para uma maneira completamente nova de ver a vida."

Foi então que demos uma guinada na nossa vida. Começamos a olhar além das nossas circunstâncias e vimos que havia algo maior. Percebemos que Deus tinha um plano para nós, assim como para Eric, e nossa fé nos deu força e paz. Os Beaumont tinham nos ajudado a considerar e a responder algumas das questões mais importantes da vida. Daquele dia em diante, nossa atitude tinha mudado completamente e tínhamos grande esperança.

Isso foi mais de duas décadas atrás. Jim e Nancy perderam contato com os Beaumont, embora tenham tentado encontrá-los. Hoje, Eric está crescido e se locomove muito bem em sua cadeira de rodas elétrica apesar de ter passado por um derrame durante uma de suas cirurgias. Ele é uma constante fonte de alegria, inspiração e humor para a família Dornan. E embora seu contato com Jerry e Patty Beaumont tenha durado apenas um ano, Jim e Nancy reconhecem o tremendo valor que agregaram a eles e ainda os consideram duas das pessoas com maior influência em sua vida.

Hoje, Jim e Nancy são pessoas de influência. Seu negócio expandiu para mais de vinte e seis países ao redor do mundo: do leste europeu ao Pacífico, do Brasil e Argentina à China continental. Por meio de seminários, áudios e vídeos, eles influenciam centenas de milhares de indivíduos e famílias todos os anos. E seu negócio continua a crescer. Porém o mais importante para eles é que estão compartilhando seus fortes valores e fé com as pessoas que influenciam. Estão fazendo tudo que podem para agregar valor à vida de todos a quem tocam.

Recentemente, John estava conversando com Larry Dobbs. Ele é o presidente e *publisher* do Dobbs Publishing Group, que produz revistas como *Mustang Monthly*, *Corvette Fever* e *Musclecar Review*. Conversaram sobre influência, e Larry compartilhou um pouco de sua história: "John, meu pai era agricultor, então nunca teve muito. Quando morreu, o único dinheiro que me deixou foi um dólar. Mas ele me deu muito mais do que isso. Ele passou seus valores para mim." Então Larry disse uma coisa com muito *insight*: "A única herança que um homem deixa que tem valor eterno é sua influência."

Não sabemos exatamente qual é o seu sonho na vida ou que tipo de legado você quer deixar. Mas se quiser causar algum impacto, terá de se tornar um homem ou uma mulher capaz de influenciar os outros. Não existe outra maneira eficaz de tocar a vida das pessoas. E se você se tornar uma pessoa de influência, então talvez um dia, quando as pessoas escreverem os nomes daqueles que fizeram a diferença em sua vida, pode ser que seu nome esteja na lista.

Capítulo 1

Uma pessoa de influência tem...

Integridade entre as pessoas

Multiplicar

Orientar

Motivar

Modelar — *Integridade*

Alguns anos atrás, enquanto minha mulher Nancy e eu estávamos em uma viagem de negócios na Europa, comemoramos seu aniversário em Londres. Como presente, decidi levá-la à boutique Escada para lhe comprar uma roupa ou duas.

Ela experimentou várias coisas e gostou de todas elas. E enquanto estava no provador tentando decidir qual escolher, eu disse ao vendedor que embrulhasse tudo. Nancy tentou protestar; estava envergonhada de comprar tantas coisas de uma só vez, mas eu insisti. Nós dois sabíamos que ela faria bom uso das roupas. Além do mais, ela ficou linda em todas elas.

Dois anos depois, pegamos o longo voo do aeroporto Heathrow em Londres para o aeroporto Internacional de São Francisco. Depois que aterrissamos, entramos na fila para a inevitável verificação da alfândega. Quando nos perguntaram o que tínhamos a declarar, falamos sobre as roupas que Nancy tinha comprado e a quantia gasta.

— O quê? — disse o agente. — Vocês estão declarando roupas?

Ele leu a quantia que tínhamos escrito e disse:

— Vocês só podem estar brincando! — É verdade que tínhamos gasto um pouco de dinheiro nelas, mas não achamos que era nada de mais. — De que são feitas as roupas? — perguntou.

Essa pergunta pareceu estranha.

— Várias coisas diferentes — respondeu Nancy. — Lã, algodão, seda. Tudo é diferente. Há vestidos, casacos, blusas, sapatos, cintos, acessórios. Por quê?

— Cada tipo de tecido tem um imposto diferente — disse. — Terei de chamar meu supervisor. Nem sei quais são todas as diferentes taxas. Ninguém declara roupas. — Ele parecia frustrado. — Vão em frente, tirem tudo e organizem de acordo com o tecido de que são feitas.

Enquanto abríamos nossas bolsas, ele se afastou e pudemos ouvi-lo dizer a um colega:

— Bobby, você nunca vai acreditar nessa...

Devemos ter levado uns bons quarenta e cinco minutos para separar tudo e calcular quanto tínhamos gastado em cada tipo de item. O imposto saiu bem caro — cerca de dois mil dólares. Enquanto botávamos tudo de volta em nossa mala, o agente disse:

— Sabe de uma coisa? Acho que o conheço. Você não é Jim Dornan?

— Sim — respondi. — Desculpe, já nos encontramos antes? — Não o reconheci.

— Não — disse ele. — Mas eu tenho um amigo que é de sua organização. Network 21, certo?

— É isso mesmo — disse eu.

— Já vi sua foto antes. Sabe — disse o agente —, meu amigo vive me dizendo que eu me beneficiaria muito se me juntasse à sua organização. Mas eu nunca lhe dei ouvidos. Agora acho que deveria voltar atrás. Pode ser que ele esteja certo, afinal. Veja bem, a maioria das pessoas que eu vejo todos os dias tenta passar com todo tipo de coisas pela alfândega sem pagar impostos, mesmo coisas que sabem que não deveriam. Mas vocês estão declarando coisas com as quais poderiam ter passado sem problemas. Certamente é muito dinheiro que vocês poderiam ter economizado!

— Isso pode ser verdade — respondeu Nancy —, mas eu posso viver melhor sem o dinheiro dos impostos do que sem ter uma consciência limpa.

Ao ficarmos na fila aquele dia, nem ocorreu a mim ou a Nancy que alguém lá poderia nos conhecer. Se nossa intenção fosse "dar um jeitinho" e passar, nunca teríamos suspeitado que seríamos reconhecidos. Pensávamos que estivéssemos incógnitos. E eu acho que é isso que muitas pessoas pensam ao pegar atalhos na vida. "Quem vai ficar sabendo?", dizem a si mesmos. Mas a verdade é que as outras pessoas sabem. Seu cônjuge, seus filhos, seus amigos e seus colegas de trabalho, todos eles sabem. E, mais importante, mesmo se você encobrir seus rastros muito bem, e eles não souberem o que você está fazendo, você sabe! E você não quer dar ou vender sua integridade por preço nenhum.

A experiência de Jim com o agente da alfândega é apenas um pequeno exemplo de como as pessoas hoje pensam em relação à integridade. É triste dizer isso, mas não parece ser mais a norma, e quando confrontadas por um exemplo de caráter honesto em ação, muitas pessoas parecem chocadas. A decência comum não é mais comum.

A INTEGRIDADE GENUÍNA NÃO ESTÁ À VENDA

Você pode ver questões de caráter aparecendo em todos os aspectos da vida. Alguns anos atrás, por exemplo, o financista Ivan Boesky abertamente descreveu a ganância como "uma coisa boa" enquanto palestrava para a escola de administração da UCLA. Esse pensamento falho logo o pôs em apuros. Quando suas práticas antiéticas na Wall Street vieram à tona, ele recebeu uma multa de 100 milhões de dólares e foi preso por três anos. Recentemente, foi dado como financeiramente arruinado e vivendo da pensão de sua ex-mulher.

A necessidade de integridade hoje talvez seja maior do que nunca. E é absolutamente essencial para qualquer um que deseja se tornar uma pessoa de influência.

O governo também não se manteve imune a questões de integridade. O Departamento de Justiça está processando agentes públicos como nunca, e recentemente se gabou de ter condenado mais de mil pessoas em um ano — um recorde dúbio.

Em quase todo lugar para onde você olhar, verá exemplos de falhas morais. Pastores da televisão deixam sua moral a desejar; mães afogam seus filhos; atletas profissionais são encontrados com drogas e prostitutas em quartos de hotel. A lista não para de crescer. Parece que muitas pessoas veem a integridade como uma ideia antiquada, algo que se pode deixar para lá ou que não mais se aplica a eles em nosso mundo onde tudo acontece rápido. Mas a necessidade de integridade hoje talvez seja maior do que nunca. E é absolutamente essencial para qualquer um que deseja se tornar uma pessoa de influência.

Em seu best-seller *Os sete hábitos das pessoas altamente eficazes*, Stephen Covey escreveu sobre a importância da integridade para o sucesso de uma pessoa:

> *Se eu tentar usar estratégias e táticas de influência de como conseguir que as pessoas façam o que eu quero, que trabalhem melhor, fiquem mais motivadas, gostem de mim e uns dos outros — enquanto meu caráter é fundamentalmente falho, marcado por duplicidades ou falta de sinceridade — então, lá na frente, eu não posso obter êxito. Minha duplicidade vai gerar falta de confiança, e tudo que eu fizer — mesmo usando as assim chamadas boas técnicas de relações humanas — será percebido como manipulativo.*
> *Simplesmente não faz diferença quão boa seja a retórica ou mesmo quão boas são as intenções; se há pouca ou nenhuma confiança, não há alicerce para o sucesso permanente. Só a bondade básica dá vida à técnica.*[1]

A integridade é crucial para o sucesso na vida pessoal e profissional. Um estudo conjunto conduzido pela Escola de Administração da UCLA e pela Korn/Ferry International of New York City consultou 1.300 executivos seniores. Setenta e um por cento deles disseram que a integridade era a qualidade mais necessária para se obter sucesso nos negócios. E um estudo feito pelo Centro de Pesquisa Criativa descobriu que embora muitos erros e obstáculos possam ser transpostos por uma pessoa que queira crescer até o topo de uma organização, essa pessoa quase nunca consegue subir se comprometer sua integridade quebrando a confiança de alguém.

A INTEGRIDADE TEM A VER COM AS PEQUENAS COISAS

Por mais importante que a integridade seja para seu sucesso profissional, é ainda mais crítico se você quiser se tornar uma pessoa de influência. É o alicerce sobre o qual muitas outras qualidades são construídas, como o respeito, a dignidade e a confiança. Se o alicerce da integridade for fraco ou fundamentalmente falho, então ser uma pessoa de influência se torna impossível. Como diz Cheryl Biehl, "Uma das realidades da vida é que se você não puder confiar em uma pessoa em todos os pontos, você não pode confiar de verdade nela em ponto nenhum." Mesmo as pessoas que conseguem esconder sua falta de integridade por um bom tempo, eventualmente vão deixar escapar alguma coisa, e qualquer influência que tenham temporariamente conquistado vai desaparecer.

Pense na integridade como ter benefícios semelhantes aos do alicerce de uma casa durante uma enorme tempestade. Se o alicerce for sólido, então ela vai aguentar as águas violentas. Mas quando há rachaduras no alicerce, o estresse da tempestade aumenta as rachaduras até que o alicerce — e logo depois a casa toda — vem abaixo sob a pressão.

A integridade é a qualidade mais importante para se obter sucesso nos negócios.

É por isso que é crucial manter a integridade cuidando das pequenas coisas. Muitas pessoas não entendem isso. Elas acham que podem fazer o que quiserem em relação às pequenas coisas porque acreditam que enquanto não tiverem nenhum grande lapso estarão bem. Mas não é assim que funciona. *O Novo dicionário completo universal Webster's* descreve a integridade como "aderência a princípios morais e éticos; solidez do caráter moral; honestidade". Princípios éticos não são flexíveis. Uma pequena mentira branca ainda é uma mentira. Roubo é roubo — seja $1, $1.000 ou $1 milhão. A integridade se compromete ao caráter acima do ganho pessoal, às pessoas acima das coisas, ao serviço acima do poder, ao princípio acima da conveniência, ao longo prazo acima do imediato.

O clérigo do século XIX Phillips Brooks declarou: "O caráter é construído nos pequenos momentos de nossa vida." Toda vez que quebra um princípio moral, você cria uma pequena rachadura no alicerce da sua integridade. E quando as coisas ficam difíceis, fica mais difícil agir com integridade, e não mais fácil. O caráter não é construído em uma crise; ele só vem à tona. Tudo o que você fez no passado — e as coisas que você deixou de fazer — vem à tona quando você está sob pressão.

Desenvolver e manter a integridade exige atenção constante. Josh Weston, presidente e CEO da Automatic

Data Processing, Inc., diz: "Eu sempre tento viver com a seguinte regra simples: 'Não faça o que você não gostaria de ler nos jornais no dia seguinte'." Esse é um bom padrão que todos nós deveríamos manter.

A INTEGRIDADE É UM TRABALHO INTERNO

Uma das razões pelas quais muitas pessoas têm dificuldade com questões de integridade é que elas tendem a olhar para fora de si para explicar quaisquer deficiências de caráter. Mas o desenvolvimento da integridade é um trabalho interno. Dê uma olhada nas três seguintes verdades sobre a integridade que vão contra o senso comum.

1. A integridade não é determinada pelas circunstâncias

Alguns psicólogos e sociólogos hoje nos dizem que muitas pessoas pobres de caráter não seriam do jeito que são se ao menos tivessem crescido em um ambiente diferente. Agora, é verdade que nossa criação e nossas circunstâncias afetam quem somos, especialmente quando somos jovens. Mas quanto mais velhos formos, maior o número de escolhas que fazemos — para o bem ou para o mal. Duas pessoas podem crescer no mesmo ambiente, na mesma casa, e uma vai ter integridade e a outra não. No fim das contas, você é responsável pelas suas escolhas. Suas circunstâncias são tão responsáveis pelo seu caráter quanto um espelho é pela sua aparência. O que você vê apenas reflete quem você é.

2. A integridade não é baseada em credenciais

Em tempos antigos, os fabricantes de tijolos, gravadores e outros artesãos usavam um símbolo para marcar suas criações a fim de mostrar que eles eram os fabricantes.

O símbolo que cada um usava era seu "caráter". O valor do trabalho era proporcional à habilidade com a qual o objeto era feito. E o caráter só era estimado se a qualidade do trabalho fosse alta. Em outras palavras, a qualidade da pessoa e de seu trabalho davam valor a suas credenciais. Se o trabalho fosse bom, assim era o caráter. Se fosse ruim, então o caráter era visto como pobre.

O mesmo é válido para nós hoje. O caráter vem de quem nós somos. Mas algumas pessoas gostariam de ser julgadas não por quem são, mas pelos títulos que receberam ou pela posição que ostentam, independentemente da natureza de seu caráter. O desejo delas é influenciar os outros com o peso de suas credenciais em vez de com a força de seu caráter. Mas as credenciais nunca podem conseguir o que o caráter consegue. Veja algumas diferenças entre os dois:

Credenciais	Caráter
são transitórias	é permanente
mudam o foco para o certo	mantém o foco nas responsabilidades
agregam valor a apenas uma pessoa	agrega valor a muitas pessoas
lembram conquistas passadas	constrói um legado para o futuro
muitas vezes causam inveja aos outros	gera respeito e integridade
só podem levá-lo até a porta	mantém você lá

Nenhuma quantidade de títulos, graduações, cargos, designações, prêmios, licenças ou outras credenciais podem substituir a integridade básica e honesta no que diz respeito ao poder de influenciar as pessoas.

3. A integridade não deve ser confundida com reputação

Algumas pessoas erroneamente enfatizam a imagem ou a reputação. Veja o que William Hersey Davis tem a dizer sobre a diferença entre o caráter e sua sombra, a reputação:

As circunstâncias entre as quais você vive determinam sua reputação...
a verdade em que você acredita determina seu caráter...
A reputação é o que você deve ser;
o caráter é o que você é...
A reputação é a fotografia;
o caráter é o rosto...
A reputação vem de fora;
caráter vem de dentro...
A reputação é o que você tem quando chega a uma nova comunidade;
o caráter é o que você tem quando vai embora.
Sua reputação é feita em um momento;
seu caráter é construído em toda uma vida...
Sua reputação é aprendida em uma hora;
seu caráter não vem à luz em um ano...
A reputação cresce como um cogumelo;
o caráter dura para a eternidade...
A reputação o deixa rico ou pobre;
o caráter o deixa feliz ou infeliz...
A reputação é o que os homens dizem sobre você em sua lápide;
o caráter é o que os anjos dizem sobre você diante do trono de Deus.

É claro que uma boa reputação é valiosa. O Rei Salomão do antigo Israel afirmou: "Mais vale o bom nome do que as muitas riquezas."[2] Mas uma boa reputação existe porque é reflexo do caráter de uma pessoa. Se uma boa reputação é como o ouro, então ter integridade é como possuir a mina. Preocupe-se menos com o que os outros dizem, e dê sua atenção a seu caráter interno. D. L. Moody escreveu: "Se eu cuidar do meu caráter, minha reputação cuidará de si própria."

Se você tem problemas para manter sua integridade, e está fazendo todas as coisas certas por *fora* — mas ainda está obtendo os resultados errados —, alguma coisa está errada e ainda precisa ser mudada por *dentro*. Veja as perguntas seguintes. Elas podem ajudá-lo a identificar as áreas que precisam de atenção.

Perguntas para ajudá-lo a medir sua integridade

1. Quão bem eu trato as pessoas de quem não recebo nada?
2. Sou transparente com os outros?
3. Eu ajo de acordo com a(s) pessoa(s) com quem estou?
4. Sou a mesma pessoa quando estou em destaque e quando estou sozinho?
5. Eu rapidamente admito meus erros sem ser pressionado para tal?
6. Eu ponho os outros acima de meus motivos pessoais?
7. Eu tenho um padrão imutável para decisões morais, ou as circunstâncias determinam minhas escolhas?
8. Eu tomo decisões difíceis, mesmo quando elas vêm com um custo pessoal?
9. Quando eu tenho algo a dizer sobre as pessoas, eu falo *com* elas ou *sobre* elas?
10. Eu respondo a pelo menos outra pessoa pelo que penso, digo e faço?

Não responda a essas perguntas rápido demais. Se o desenvolvimento do caráter é uma séria área de necessidade em sua vida, sua tendência pode ser passar rapidamente a vista pelas perguntas, dando respostas que descrevem como você gostaria de ser em vez de quem você realmente é. Reserve algum tempo para refletir sobre cada pergunta, ponderando de forma honesta antes de responder. Então, trabalhe nas áreas em que você está tendo mais dificuldade. E lembre-se disto:

Muitos obtêm sucesso momentâneo pelo que sabem;
alguns obtêm sucesso temporário pelo que fazem;
mas poucos obtêm sucesso permanente pelo que são.

A estrada da integridade pode não ser a mais fácil, mas é a única que vai levá-lo aonde você finalmente quer ir.

A INTEGRIDADE É SUA MELHOR AMIGA

O estimado escritor norte-americano do século XIX Nathaniel Hawthorne ofereceu este insight: "Nenhum homem pode, por um período considerável de tempo, ter uma cara para si e uma para a multidão sem finalmente se confundir em relação a qual é a verdadeira." Toda vez que você compromete sua integridade, causa a si mesmo um dano enorme. Isso é porque a integridade, de fato, é sua melhor amiga. Ela nunca o trairá nem o colocará em uma posição comprometedora. Ela mantém suas prioridades. Quando você se sente tentado a pegar atalhos, ela o ajuda a se manter no caminho certo. Quando os outros o criticam injustamente, ela o ajuda a seguir adiante e ignorar em vez de revidar. E quando a crítica dos outros é válida, a integridade o ajuda a aceitar o que eles dizem, aprender com isso e seguir crescendo.

Abraham Lincoln certa vez disse: "Quando eu soltar as rédeas desta administração, quero ter ainda um amigo. E esse amigo está dentro de mim." Poderíamos até dizer que a integridade de Lincoln era sua melhor amiga enquanto ele estava no governo porque ele era criticado de forma muito agressiva. Aqui está uma descrição do que ele enfrentava, como explicado por Donald T. Phillips:

> Abraham Lincoln era caluniado, difamado e odiado talvez de forma mais intensa do que qualquer homem que já concorreu ao cargo mais alto da nação... Ele era publicamente chamado de quase todo nome imaginável pela imprensa da época, incluindo babuíno grotesco; advogado rural de quinta categoria que uma vez partiu troncos e agora parte a União; piadista vulgar de segunda; ditador; gorila; palhaço; entre outros. O Illinois State Register o rotulou de "o político mais astuto e desonesto que já desgraçou um cargo nos EUA..." Críticas severas e injustas não pararam depois que Lincoln fez o juramento do cargo, nem veio apenas de simpatizantes do sul. Veio de dentro da própria União, do Congresso, de algumas facções dentro do Partido Republicano e, inicialmente, de dentro do próprio gabinete. Como presidente, Lincoln aprendeu que, independentemente do que fizesse, haveria pessoas que não ficariam satisfeitas.[3]

Por todo esse tempo, Lincoln foi um homem de princípios. E como Thomas Jefferson sabiamente disse, "Deus permita que homens de princípios sejam nossos principais homens".

A INTEGRIDADE É A MELHOR AMIGA DOS SEUS AMIGOS

A integridade é sua melhor amiga. E também é uma das melhores amigas que seus amigos terão. Quando as pessoas ao seu redor sabem que você é uma pessoa de integridade, elas sabem que você quer influenciá-las por causa da oportunidade de agregar valor à vida delas. Elas não querem se preocupar com a sua motivação.

Recentemente vimos uma tirinha no *New Yorker* que mostrava como pode ser difícil entender qual é a motivação de uma pessoa. Alguns porcos estavam reunidos para comer, e um fazendeiro estava enchendo o alimentador até a borda. Um porco virou para os outros e perguntou: "Já se perguntaram *por que* ele está sendo tão bom conosco?" Uma pessoa de integridade influencia as outras porque quer *trazer* algo à mesa que os beneficiará — e não *colocá-las* sobre a mesa para se beneficiar.

Se você for um fã de basquete, provavelmente se lembra de Red Auerbach. Ele foi o presidente e gerente-geral do Boston Celtics de 1967 a 1987. Ele entendia verdadeiramente como a integridade agrega valor aos outros, especialmente quando as pessoas estão trabalhando juntas em uma equipe. E ele tinha um método de recrutamento que era diferente do da maioria dos líderes de times da NBA. Quando observava um potencial jogador para os Celtics, sua preocupação principal era o caráter do jovem. Enquanto os outros se concentravam quase que inteiramente em estatísticas e desempenho individual, Auerbach queria saber sobre a atitude de um jogador. Ele descobriu que a forma de vencer era encontrar jogadores que dariam seu melhor e trabalhariam para o benefício do time. Jogadores que tinham uma habilidade excepcional, mas cujo caráter era fraco ou cujo desejo era promover apenas a si próprios, não eram realmente uma vantagem.

O BENEFÍCIO DA INTEGRIDADE:
A CONFIANÇA

O fundamental no que diz respeito à integridade é que ela permite que os outros confiem em você. E sem confiança você não tem nada. A confiança é o fator mais importante nos relacionamentos pessoais e profissionais. É a cola que une as pessoas. E é a chave para se tornar uma pessoa de influência.

A confiança é um artigo cada vez mais raro nesses dias. As pessoas se tornaram cada vez mais suspeitas e céticas. Bill Kynes expressou os sentimentos de toda uma geração quando escreveu:

> *Pensamos que pudéssemos confiar nos* militares,
> *mas aí veio o* Vietnã.
> *Pensamos que pudéssemos confiar nos* políticos,
> *mas aí veio o* Watergate.
> *Pensamos que pudéssemos confiar nos* engenheiros,
> *mas aí veio o* desastre da Challenger.
> *Pensamos que pudéssemos confiar no nosso* corretor,
> *mas aí veio a* Segunda-feira Negra.
> *Pensamos que pudéssemos confiar nos* pregadores,
> *mas aí veio PTL e* Jimmy Swaggart.
> *Então, em quem eu posso confiar?*[4]

Houve um tempo em que você poderia supor que os outros confiariam em você até que lhes desse um motivo do contrário. Mas hoje, com a maior parte das pessoas, você deve provar sua confiabilidade primeiro. É isso que torna a integridade tão importante se você quiser se tornar uma pessoa de influência. A confiança vem dos outros apenas quando você exemplifica um caráter sólido.

> *O caráter é feito nos pequenos momentos de nossa vida.*
> *— Phillips Brooks*

As pessoas hoje estão desesperadas por líderes, mas querem ser influenciadas apenas por indivíduos em que possam confiar, pessoas de bom caráter. Se você quiser se tornar uma pessoa que pode positivamente influenciar os outros, precisa desenvolver as seguintes qualidades de integridade e vivê-las todos os dias:

- *Modele a consistência de caráter.* A sólida confiança só pode se desenvolver quando as pessoas podem confiar em você *o tempo todo.* Se nunca souberem de um momento a outro o que você vai fazer, o relacionamento nunca vai se aprofundar para um bom nível de confiança.

- *Empregue uma comunicação honesta.* Para ser confiável, você tem de ser como uma boa composição musical: as palavras e a música devem combinar.

- *Valorize a transparência.* As pessoas eventualmente descobrem suas falhas, mesmo se você tentar escondê-las. Mas se você for honesto com as pessoas e admitir suas fraquezas, elas apreciarão sua honestidade e sua integridade. E elas poderão se identificar melhor com você.

- *Exemplifique humildade.* As pessoas não confiarão em você se o virem movido por ego, inveja ou pela crença de que você é melhor que elas.

- *Demonstre seu apoio pelos outros.* Nada desenvolve ou demonstra melhor seu caráter do que seu desejo de botar os outros acima de você. Como diz nosso amigo Zig Ziglar, ajude pessoas suficientes a obterem sucesso, e você também o obterá.

- *Cumpra suas promessas.* Nunca prometa nada que não possa cumprir. E quando você disser que fará algo, vá até o fim. Uma maneira certeira de quebrar a confiança com os outros é deixar de cumprir seus compromissos.

- *Adote uma atitude de serviço.* Fomos postos nesta terra não para sermos servidos, mas para servir. Dar de si e de seu tempo aos outros mostra que você se importa. O médico missionário Sir Wilfred T. Grenfell sustentava que "o serviço que prestamos aos outros é, na verdade, o aluguel que pagamos pelo nosso espaço nesta terra." As pessoas de integridade são doadoras, não tomadoras.

- *Encoraje participação recíproca entre as pessoas que você influencia.* Quando você leva uma vida de integridade, as pessoas o ouvem e o seguem. Lembre sempre que o objetivo da influência não é manipulação; é participação. Você só obtém sucesso permanente ao incluir os outros em sua vida e em seu sucesso.

Já foi dito que você não conhece as pessoas de verdade até que as tenha visto quando interagem com uma criança, quando o carro tem um pneu furado, quando o chefe está longe e quando pensam que ninguém nunca vai saber. Mas as pessoas com integridade nunca têm de se preocupar com isso. Não importa onde estejam, com quem estejam ou em que tipo de situação, elas são consistentes e vivem de acordo com seus princípios.

O BENEFÍCIO DA CONFIANÇA: A INFLUÊNCIA

Quando você ganha a confiança das pessoas, você começa a transmitir segurança a elas, e essa é uma das chaves para a influência. O presidente Dwight D. Eisenhower expressou sua opinião sobre o assunto da seguinte forma:

> *Para se tornar um líder, um homem deve ter seguidores. E para ter seguidores, um homem deve ter sua confiança. Assim, a suprema qualidade para um líder é integridade inquestionável. Sem ela, nenhum sucesso real é possível, não importa se for em um pequeno grupo de pedreiros, em um campo de futebol, no exército ou em um escritório. Se os associados de um homem descobrirem que ele não tem 100% de integridade, ele falhará. Seus ensinamentos e suas ações devem andar lado a lado. A primeira grande necessidade, portanto, é integridade e um propósito elevado.*

Quando as pessoas começam a confiar em você, seu nível de influência aumenta. E é aí que você poderá começar a impactar a vida delas. Mas também é o momento de se tomar cuidado porque o poder pode ser uma coisa perigosa. Na maioria dos casos, os que querem poder provavelmente não o deveriam ter; os que o têm, provavelmente o fazem pelos motivos errados; e os que mais querem mantê-lo, não entendem que ele é apenas temporário. Como disse Abraham Lincoln, "quase todos os homens podem suportar a adversidade, mas se você quiser testar o caráter de um homem, dê a ele poder".

Poucas pessoas no mundo tiveram mais poder e influência do que o presidente George Bush. O quadragésimo quinto presidente da nação tinha fortes crenças sobre o poder, e advertia: "Use o poder para ajudar as pessoas. Porque recebemos o poder não para avançar em nossos objetivos, ou para dar um grande show no mundo, ou ter um nome. Existe apenas um justo uso para o poder, e é para servir as pessoas." Para manter sua ambição vigiada e o foco da sua influência em ajudar e servir aos outros, faça-se periodicamente esta pergunta: Se o mundo todo me seguisse, ele seria um mundo melhor?

Torne-se uma pessoa íntegra

No fim das contas, você pode flexibilizar suas ações para que se conformem aos seus princípios, ou você pode flexibilizar seus princípios para que se conformem às suas ações. É uma escolha que você tem de fazer. Se você quiser se tornar uma pessoa de influência, então é melhor escolher o caminho da integridade porque todos os outros caminhos eventualmente levam à ruína.

Para se tornar uma pessoa de integridade, você precisa voltar para os fundamentos. Pode ser que você precise fazer algumas escolhas difíceis, mas elas valerão a pena.

*Comprometa-se com a honestidade, a confiabilidade
e a confidencialidade*

A integridade começa com uma decisão específica e consciente. Se você esperar até um momento de crise antes de resolver suas questões de integridade, você está cavando seu fracasso. Escolha hoje viver por um estrito código de moral, e determine-se a se ater a ele não importa o que aconteça.

Decida antecipadamente que você não tem um preço

O presidente George Washington percebeu que "poucos homens têm a virtude de resistir ao maior lance". Algumas pessoas podem ser compradas porque não decidiram a questão do dinheiro antes do momento da tentação. A melhor maneira de se proteger de uma brecha de integridade é tomar a decisão hoje de que você não venderá sua integridade: nem por poder, vingança, orgulho ou dinheiro — quantia nenhuma em dinheiro.

Seja reto nas pequenas coisas

As pequenas coisas podem nos desenvolver ou nos derrubar. Se você sair da linha dos seus valores — seja por um centímetro ou por um quilômetro — você ainda passou dos limites. A honestidade é um hábito que você adquire fazendo a coisa certa o tempo todo, dia após dia, semana após semana, ano após ano. Se você consistentemente fizer o que é certo nas pequenas coisas, será menos propenso a sair do caminho moral ou ético.

A cada dia, faça o que você deve fazer antes do que você quer fazer

Boa parte de se ter integridade é consistentemente seguir até o fim com as responsabilidades. Nosso amigo Zig Ziglar diz: "Quando você faz as coisas que deve fazer quando deve fazê-las, vai chegar o dia em que você poderá fazer as coisas que quer fazer quando as quer fazer." O psicólogo e filósofo William James confirmou a ideia de forma mais assertiva: "Todo mundo deveria fazer ao menos duas coisas que odeia fazer todos os dias, só para praticar."

O filósofo e escritor suíço Henri Frédéric Amiel sustentava: "O homem que não tem uma vida interior é escravo de seu ambiente." *Escravo* é o termo certo para descrever as pessoas que não têm integridade porque muitas vezes estão à mercê dos próprios desejos transitórios e dos desejos outros. Mas com integridade, você pode experimentar a liberdade. Não só você é menos propenso a ser escravizado pelo estresse que vem com más escolhas, dívidas, enganos e outras questões negativas de caráter, como você é livre para influenciar os outros e agregar valor a eles de uma maneira incrível. E sua integridade abre as portas para você experimentar o sucesso contínuo.

É quase impossível superestimar o impacto da integridade na vida das pessoas. Você provavelmente se lembra do susto do Tylenol de anos atrás. Várias pessoas morreram envenenadas, e os investigadores rastrearam a causa das cápsulas envenenadas de Tylenol. Don Meyer, amigo de John, lhe enviou um comentário sobre o incidente. Aqui está o que ele disse:

> *Alguns anos antes, na declaração de sua missão, eles tinham uma frase que dizia que iriam "operar com honestidade e integridade". Várias semanas antes do incidente do Tylenol, o presidente da Johnson & Johnson enviou um memorando para todos os presidentes de divisões da empresa perguntando se eles estavam cumprindo a declaração da missão e se acreditavam nela. Todos os presidentes retornaram com uma resposta afirmativa.*

> *Há relatos de que, uma hora depois da crise do Tylenol, o presidente da companhia ordenou que todas as cápsulas fossem retiradas das prateleiras, sabendo que era uma decisão de 100 milhões de dólares.*
>
> *Quando os repórteres lhe perguntaram como ele pôde decidir de forma tão fácil e rápida em uma crise tão séria, sua resposta foi: "Eu estava praticando o que havíamos acordado na declaração de nossa missão."*

Na parte final do comentário, Don Meyer escreveu esta nota: "John, é sempre fácil fazer o certo quando você sabe antecipadamente aquilo em que acredita."

O que vale para a Johnson & Johnson vale para você e para nós. Se você sabe aquilo em que acredita e age de acordo, as pessoas podem confiar em você. Você é um modelo do caráter e consistência que as outras pessoas admiram e querem copiar. E você deixou um bom alicerce, que torna possível para você se transformar em uma pessoa de influência positiva na vida delas.

Checklist da influência
Exercendo integridade entre as pessoas

■ **Comprometa-se a desenvolver um caráter forte.** No passado, você já teve o hábito de tomar total responsabilidade pelo seu caráter? É algo que você precisa fazer para se tornar uma pessoa de influência. Deixe de lado as experiências negativas que você já teve, incluindo circunstâncias difíceis e pessoas que já o magoaram. Esqueça suas credenciais ou a reputação que adquiriu ao longo dos anos. Deixe tudo isso de lado, e olhe para o que restou. Se você não vir sólida integridade em si, assuma o compromisso de mudar hoje.

Leia a declaração, e então assine a linha a seguir:

Eu me comprometo a ser uma pessoa de caráter. Verdade, confiabilidade, honestidade e confiança serão os pilares da minha vida. Tratarei os outros como espero ser tratado. Viverei de acordo com os maiores padrões de integridade em todas as circunstâncias da vida.
Assinatura: *Data:*

- **Faça as pequenas coisas.** Passe a próxima semana monitorando cuidadosamente seus hábitos de caráter. Faça uma nota para si mesmo cada vez que tiver os seguintes comportamentos:

  - Não falar toda a verdade.
  - Deixar de cumprir um compromisso, seja prometido ou implícito.
  - Deixar uma tarefa incompleta.
  - Falar sobre algo que talvez fosse esperado que você mantivesse em segredo.

- **Faça o que você deve fazer antes do que você quer fazer.** Todos os dias desta semana, encontre dois itens em sua lista de tarefas que você deve fazer, mas vem adiando. Complete essas tarefas antes de fazer qualquer coisa na lista de que você goste.

Capítulo 2

Uma pessoa de influência...

Alimenta as outras pessoas

Multiplicar

Orientar

Motivar — *Nutrir*

Modelar

Vários anos atrás Nancy e eu decidimos que queríamos ajudar nosso filho Eric a se tornar um pouco mais independente. Em geral, ele se sai muito bem. Na verdade, ele participa de muitas atividades que uma pessoa que não usa uma cadeira de rodas nunca faz. Mas nós pensamos que ele gostaria de dar mais um passo em seu desenvolvimento pessoal, então investigamos algo de que tínhamos ouvido falar chamado *Canine Companions for Independence* (CCI) [Companhias caninas para a independência], uma organização que combina cães especialmente treinados para pessoas com deficiências.

A CCI existe há cerca de vinte e cinco anos e tem escritórios nos Estados Unidos. A unidade da Califórnia fica pertinho de carro; então, um sábado de manhã, os amontoamos no carro e subimos a costa para verificar.

Eric estava muito ansioso quando chegamos lá e conhecemos as instalações de treinamento. Conhecemos alguns funcionários, e vimos vários cachorros maravilhosos. Descobrimos que esses animais passam o primeiro ano de sua vida nas casas de voluntários que os criam e lhes ensinam conhecimentos básicos de obediência e socialização. Então, os cães se mudam para um centro da CCI onde vivem e recebem treinamento especial dos funcionários pelos próximos oito meses. Eles aprendem a se tornar companhias trabalhadoras para quase todo tipo de pessoa com deficiências que não visuais. Os cães aprendem a abrir portas, carregar objetos e fazer todo o tipo de coisas. Alguns são treinados para ajudar pessoas com deficiência auditiva, e aprendem a sinalizar a seus donos quando um telefone ou uma campainha toca, um bebê chora, um alarme de incêndio dispara etc. Uma vez que o cão esteja totalmente treinado, é designado a um novo dono, e os dois passam por um tipo de acompanhamento para aprenderem a trabalhar juntos.

Eric amou a ideia de comprar um cachorro, e nos inscrevemos para receber um que combinaria com suas necessidades. Esperamos várias semanas. E não passou um dia sem que Eric falasse sobre isso. Finalmente, certa tarde recebemos um telefonema do CCI nos dizendo que tinham um cão para Eric, e na manhã seguinte partimos para Oceanside.

Eric se apaixonou por Sable imediatamente. Ela era um energético Golden retriever que tinha um pouco mais de um ano e meio. Os dois passaram pelo acompanhamento e aprenderam a trabalhar juntos. Sable sabia como acender e apagar as luzes para Eric, acompanhá-lo ao mercado com dinheiro e trazer as compras para ele, e fazer um bando de outras coisas.

À medida que o acompanhamento estava chegando ao fim, um dos treinadores se sentou com Eric e conversou com ele. Ele disse: "Eric, não importa o que mais você faz ou não faz com Sable, tenha certeza de uma coisa: Você deve ser a pessoa que o alimenta. Isso é muito importante. É a única maneira de se assegurar que ele vai criar laços com você e respeitá-lo como seu dono."

Para Eric, dar ao cão amor e carinho era fácil. Ele adorava acariciá-lo e arrumá-lo, mas era mais difícil para ele aprender a tomar a liderança. Ele tem uma personalidade muito dócil. Mas, com o tempo, ele aprendeu a alimentá-lo, e eventualmente isso se tornou sua parte favorita da rotina.

Alimentar um cão é a melhor maneira de criar um relacionamento com ele. Não só provê aquilo de que o cão precisa, dando a ele vida e força, mas também o ensina a confiar em você e a segui-lo. E, na maioria dos casos, quando é você que o alimenta, o cuidado que você dá é retornado com lealdade, obediência e afeição.

A NATUREZA DA ALIMENTAÇÃO

Em alguns aspectos, as pessoas respondem de forma se-melhante ao modo como os animais reagem. E, como os animais, as pessoas precisam de cuidados, não só física, mas emocionalmente. Se você olhar ao redor, descobrirá que existem pessoas na sua vida que querem ser alimen-tadas — com encorajamento, reconhecimento, segurança e esperança. Esse processo é chamado de alimentação, e é uma necessidade de todo ser humano.

Se você deseja se tornar uma influência na vida das pessoas, comece por alimentá-las. Muitas pessoas erroneamente acreditam que a maneira de se tornar uma influência é tornar-se uma figura de autoridade — corrigir os erros dos outros, revelar os pontos fracos que eles não podem ver com facilidade em si, e fazer a chamada crítica construtiva. Mas o que o clérigo John Knox disse mais de quatrocentos anos atrás ainda é verdadeiro: "Você não pode antagonizar e influenciar ao mesmo tempo."

No coração do processo de alimentação está a preocupação genuína com os outros. Quando você ouve a palavra alimentar, qual é a primeira coisa em que você pensa? Se você for como a maioria das pessoas, provavelmente visualiza uma mãe cuidando de um bebê. Ela cuida de seu filho, protegendo-o, alimentando-o, encorajando-o, assegurando-se de que suas necessidades são satisfeitas. Ela não lhe dá atenção somente quando tem tempo livre ou quando é conveniente. Ela o ama e quer que ele floresça. De maneira semelhante, quando você tenta ajudar e influenciar as pessoas ao seu redor, você deve ter sentimentos positivos e preocupação por elas. Se você quiser ter um impacto positivo, não pode desgostar delas, desprezá-las ou depreciá-las. Você deve lhes dar amor e respeito. Ou, como o especialista em relacionamento humano Les Giblin disse, "você não pode fazer seu próximo se sentir importante na sua presença se você secretamente pensa que ele é um ninguém".

Se você alimentar os outros, mas permitir que se tornem dependentes de você, na verdade você os está machucando, e não ajudando.

Você pode estar se perguntando por que deveria assumir um papel de alimentar as pessoas que você quer influenciar, especialmente se eles forem empregados, colegas ou amigos — não familiares. Você pode estar dizendo a si: "Não é algo que eles podem conseguir em outro lugar, por exemplo, em casa?" A infeliz verdade é que a maioria das pessoas está desesperada por encorajamento. E mesmo se algumas pessoas em sua vida as puserem para cima, você ainda precisa se tornar um alimentador para elas, porque as pessoas são influenciadas principalmente por aqueles que as fazem sentir melhor em relação a si mesmas. Se você se tornar um grande alimentador na vida dos outros, então você tem a oportunidade de causar um grande impacto sobre eles.

Verifique e verifique novamente sua motivação ao ajudar e encorajar os outros. Não seja como uma menininha chamada Emily. Seu pai, Guy Belleranti, estava dirigindo com a família de volta da igreja em um domingo quando a menina de cinco anos disse:

— Quando eu crescer, eu quero ser como o homem que estava lá na frente.

— Você quer ser pastora? — perguntou a mãe de Emily.

— Não — disse Emily. — Eu quero dizer às pessoas o que fazer.

Seu objetivo é o crescimento e a independência das pessoas. Se você alimentar os outros, mas permitir que se tornem dependentes de você, na verdade você os está machucando, e não ajudando. E se você as ajudar por causa de seu desejo de satisfazer suas necessidades ou para curar as feridas do passado, seu relacionamento com elas pode ser tornar codependente. Não é saudável tentar corrigir seu histórico revivendo-o através dos outros. Além do mais, pessoas codependentes nunca se tornam influências positivas na vida dos outros.

UMA INFLUÊNCIA QUE ALIMENTA É DOADORA

Agora que você tem uma ideia melhor sobre o que significa alimentar os outros, provavelmente está pronto para aprender a fazê-lo com as pessoas na sua vida: empregados, familiares, amigos, colegas da igreja e do trabalho. Você o faz se concentrando em dar em vez de receber. Comece dando aos outros nas seguintes áreas.

Amor

Antes de poder fazer qualquer outra coisa na vida dos outros, você deve lhes demonstrar amor. Sem isso, não pode haver conexão, futuro ou sucesso juntos. Lembre-se de algumas pessoas-chave que tiveram impacto em sua vida: um professor incrível, um chefe fantástico, um tio especial. Sem dúvida, quando você ficava com essas pessoas, você podia sentir que elas se importavam com você. E, em retorno, você reagia a elas de forma positiva.

Nós descobrimos este exemplo de como o amor pode fazer a diferença na vida de estudantes. Aqui está algo escrito por um professor atencioso:

Eu tive uma grande sensação de alívio quando comecei a entender que um jovem precisa de mais do que só a matéria. Eu sei bem matemática, e a ensino bem. Eu costumava pensar que isso era tudo que eu precisava fazer.

Agora, eu ensino crianças, não matemática. Eu aceito o fato de que só posso obter sucesso parcial com alguns deles. Quando eu não tenho de ter todas as respostas, pareço ter mais respostas do que quando tentava ser o especialista. O jovem que realmente me fez entender isso foi Eddie. Eu lhe perguntei certo dia por que ele achava que estava indo melhor do que no ano anterior. Ele deu significado a toda a minha orientação. "É porque eu gosto de mim agora quando estou com você", disse.[1]

Eddie reagiu ao amor de um modo que nunca reagiria ao conhecimento, à psicologia, à técnica ou às teorias educacionais. Quando soube que seu professor se importava com ele, floresceu.

Sem amor, não pode haver conexão, futuro ou sucesso juntos.

A extensão e a amplitude de nossa influência sobre os outros são diretamente relacionadas à profundidade de nossa preocupação com eles. No que diz respeito a ajudar as pessoas a crescer e se sentirem bem em relação a si, não há substituto para o amor. Mesmo um cara durão como Vince Lombardi, o lendário treinador dos Green Bay Packers, entendia o poder do amor para obter o melhor das pessoas e causar um impacto na vida delas. Ele disse: "Existem muitos treinadores com bons clubes que conhecem os fundamentos e têm bastante disciplina, mas ainda assim não vencem o jogo. Então você chega ao terceiro ingrediente: se vocês vão jogar juntos, como um time, vocês têm de se importar uns com os outros. Vocês têm de amar uns aos outros. Cada jogador tem de estar pensando no próximo."

Você pode causar um impacto positivo nas pessoas alimentando-as. Não importa em que profissão você esteja. E não importa quão bem-sucedidas sejam as pessoas ao seu redor ou o que elas conseguiram no passado. Todo mundo precisa se sentir valorizado. Mesmo alguém que já foi o líder do mundo livre precisa de amor. Em seu livro *In the arena* [Na arena], o ex-presidente Richard Nixon descreveu sua depressão, que se seguiu à sua resignação da Casa Branca e à cirurgia que sofreu. Em determinado ponto, quando estava no hospital, disse à sua esposa Pat que queria morrer.

Quando estava no ponto absolutamente mais baixo de sua vida, uma enfermeira do hospital veio até seu quarto, abriu as cortinas e apontou para um pequeno avião que estava voando para lá e para cá lá em cima. Estava sustentando um cartaz que dizia: DEUS AMA VOCÊ, E NÓS TAMBÉM. Ruth Graham, esposa do evangelista Billy Graham, tinha contratado esse avião para voar próximo ao hospital. Foi aí que Nixon experimentou uma guinada. Ver essa expressão de amor lhe deu a coragem e o desejo de seguir em frente e se recuperar.

Dedique algum tempo para expressar seu amor e apreço pelas pessoas próximas a você. Diga a elas o quanto elas significam para você. Escreva-lhes bilhetes dizendo o quanto você se importa. Dê-lhes um tapinha nas costas e, quando apropriado, um abraço. Nunca suponha que as pessoas saibam como você se sente em relação a elas. Diga a elas. Nunca é demais dizer que ama alguém.

Respeito

Nós lemos uma história sobre uma mulher que se mudou para uma cidade pequena. Depois de estar lá por um tempinho, ela reclamou com seu vizinho do mau serviço que recebera na farmácia local. Ela estava esperando que seu novo conhecido fosse repetir suas críticas ao dono da loja.

Da próxima vez em que a forasteira foi à farmácia, o farmacêutico a recebeu com um grande sorriso, disse a ela como estava feliz em vê-la novamente, e disse que esperava que ela gostasse da cidade deles. Ele também se ofereceu como um recurso para a mulher e seu marido enquanto eles se acomodavam. Então cuidou, de forma rápida e eficiente, de seu pedido.

Mais tarde, a mulher relatou a incrível mudança a seu amigo: "Você contou para ele como eu tinha achado o serviço ruim, eu suponho", declarou.

"Bem, não", disse o vizinho. "Na verdade — e espero que você não se importe — eu disse a ele que você ficou maravilhada com a maneira como ele tinha construído aquela farmácia de cidade pequena, e que você achou que era uma das farmácias mais bem administradas que você já tinha visto."[2]

O vizinho daquela mulher entendia que as pessoas reagem ao respeito. Na verdade, a maioria das pessoas faz quase qualquer coisa para você se você as tratar com respeito. E isso significa deixar claro para elas que os sentimentos delas são importantes, suas preferências são respeitadas e suas opiniões são valiosas. Significa dar a elas o benefício da dúvida. Ou, como declarou o poeta e filósofo Ralph Waldo Emerson, "todo homem tem o direito de ser valorizado por seus melhores momentos".

Onde o amor se concentra em dar às pessoas, o respeito demonstra uma disposição a receber delas. O respeito reconhece a capacidade ou o potencial de uma pessoa para contribuir. Ouvir as pessoas e pôr os objetivos delas acima dos seus, reflete seu respeito por elas e tem o potencial de tornar você e elas mais bem-sucedidos. De acordo com um recente estudo da Teleometrics International relatado no *Wall Street Journal*, executivos entendem o poder do respeito. Entre os dezesseis mil executivos consultados, os pesquisadores se concentraram em um grupo dos mais bem-sucedidos. Dentro desse grupo, todos tinham uma atitude positiva em relação a seus subordinados, frequentemente buscavam seus conselhos, ouviam regularmente suas preocupações e os tratavam com respeito.

Se você tiver tido a oportunidade de trabalhar em vários ambientes, e tiver trabalhado para os dois tipos de pessoas — os que *demonstraram* e os que *não demonstraram* respeito a você — você compreende como o respeito pode motivar. E você também sabe que é mais facilmente influenciado pelas pessoas que o tratam bem.

Sensação de segurança

Outra parte importante da alimentação é dar às pessoas uma sensação de segurança. As pessoas são relutantes em confiar em você e atingir seu potencial quando estão preocupadas em saber se estão seguras com você. Mas quando se sentem seguras, estão em uma posição de reagir de forma positiva e fazer seu melhor. Virginia Arcastle comentou: "Quando as pessoas se sentem seguras, importantes e apreciadas, não será mais necessário que elas reduzam as outras para parecerem maiores em comparação."

Parte de fazer as pessoas se sentirem seguras vem da integridade, sobre a qual tratamos no capítulo anterior. As pessoas se sentem seguras com você quando suas ações e suas palavras são consistentes e se conformam a um elevado código moral que inclui respeito. O ex-treinador do Notre Dame, Lou Holtz, debateu essa questão quando disse: "Faça o certo! Faça o melhor que puder e trate os outros da maneira como você quer ser tratado porque eles farão três perguntas: (1) Eu posso confiar em você? (2) Você é comprometido? ... (3) Você se importa comigo como pessoa?"

As pessoas desejam segurança não só de você, mas também de seu ambiente. Bons líderes reconhecem isso e criam um ambiente onde as pessoas possam florescer.

Mike Krzyzewski, um bem-sucedido treinador-chefe de basquete da Duke University, entende o impacto que um líder pode causar quando fornece segurança às pessoas que o seguem: "Se você criar uma atmosfera de comunicação e confiança, isso vira tradição. Os membros mais antigos do time estabelecerão sua credibilidade com os novos. Mesmo se eles não gostarem de tudo em relação a você, ainda dirão: 'Ele é confiável, comprometido conosco como um time'."

Só depois que as pessoas puderem confiar em você completamente você poderá influenciá-las positivamente e causar um impacto na vida delas.

Reconhecimento

Um erro comum demais, especialmente entre líderes no mercado, é não compartilhar o reconhecimento ou mostrar apreciação pelos outros. Por exemplo, J. C. Staehle fez uma análise dos trabalhadores nos EUA e descobriu que a causa número um da insatisfação entre os empregados era a incapacidade de seus superiores de lhes dar crédito. É difícil para as pessoas seguir alguém que não as aprecia por quem são e pelo que fazem. Como disse o ex-secretário de defesa e presidente do World Bank Robert McNamara, "cérebros são como corações — vão aonde são apreciados."

O reconhecimento é muito apreciado por todos, não só pelas pessoas de negócios. Mesmo um pouco de reconhecimento pode fazer muito na vida de uma pessoa. Por exemplo, recentemente lemos uma história escrita por Helen P. Mrosla, uma freira professora. Ela falou sobre sua experiência com Mark Eklund, um aluno que ela ensinara no Ensino Fundamental e depois novamente matemática no Ensino Médio. Aqui está sua história:

Em uma sexta-feira [na sala de aula] tinha alguma coisa errada. Nós tínhamos trabalhado duro em um novo conceito a semana toda, e eu sentia que os alunos estavam frustrados consigo mesmos — e nervosos uns com os outros. Eu tinha de acabar com aquele mau humor antes que ele saísse de controle. Então eu pedi que listassem os nomes dos outros alunos na sala em duas folhas de papel, deixando um espaço em branco entre cada nome. Então, disse a eles que pensassem na coisa mais legal que pudessem dizer sobre cada um dos alunos e a escrevessem.

Demoraram até o final da aula para terminar a tarefa, mas, ao saírem da sala, cada um me entregou seu trabalho...

Naquele sábado, escrevi o nome de cada aluno em uma folha de papel separada, e listei o que todos os outros tinham dito sobre aquele indivíduo. Na segunda-feira, entreguei a cada aluno sua lista. Algumas delas tinham duas páginas. Logo todos da classe estavam sorrindo. "Sério?", ouvi sussurrado. "Não sabia que significava algo para alguém!" "Não sabia que os outros gostavam tanto de mim!"

Ninguém mencionou esses trabalhos em sala de novo. Eu nunca soube se eles falaram sobre isso depois da aula com seus pais, mas não importava. O exercício tinha cumprido seu propósito. Os alunos estavam felizes consigo mesmos e uns com os outros de novo.

Aquele grupo de alunos seguiu adiante. Vários anos mais tarde, depois que eu tinha voltado de um período de férias, meus pais foram me encontrar no aeroporto. Enquanto voltávamos de carro para casa, minha mãe fez as perguntas de sempre sobre a viagem: como estava o tempo, minhas experiências etc. Houve uma ligeira pausa na conversa. Mamãe deu um olhar de lado para o papai e eu simplesmente disse:

— *Pai?*

Meu pai limpou a garganta:

— *Os Eklund ligaram ontem à noite — começou ele.*

— *É mesmo? — disse eu. — Não tenho notícias deles há muitos anos. Gostaria de saber como está Mark.*

Papai respondeu baixinho:

— Mark foi morto no Vietnã — disse. — O enterro é amanhã, e os pais dele gostariam que você fosse.

Até hoje eu me lembro do ponto exato da estrada em que meu pai me falou sobre Mark.

Eu nunca tinha visto um militar em um caixão antes... A igreja estava cheia com os amigos de Mark. A irmã de Chuck (seu antigo colega de turma) cantou "The Battle Hymn of the Republic" (O hino de batalha da República). Por que tinha de chover no dia do enterro? Já estava difícil o bastante ficar ao lado da sepultura. O pastor falou as coisas de sempre e o corneteiro deu o toque de silêncio. Um a um todos os que amavam Mark deram uma última volta ao redor do caixão e borrifaram água benta nele.

Eu fui a última a abençoar o caixão. Quando eu estava lá, um dos soldados que tinham carregado o caixão veio até mim.

— Você era a professora de matemática de Mark? — perguntou.

Confirmei, sem tirar os olhos do caixão.

— Mark falava muito de você — disse.

Depois do enterro, a maioria dos antigos colegas de turma de Mark foram para o sítio de Chuck a fim de almoçar. Os pais de Mark estavam lá, obviamente esperando por mim.

— Queremos lhe mostrar algo — disse seu pai, tirando uma carteira do bolso. — Encontraram isso com Mark quando foi morto. Pensamos que você talvez fosse reconhecer.

Abrindo a carteira, ele cuidadosamente removeu duas folhas velhas de caderno que tinham sido emendadas com fita adesiva, dobradas e desdobradas muitas vezes. Eu sabia, sem ler, que os papéis eram aqueles em que eu tinha listado todas as qualidades que cada um dos colegas de Mark tinha dito sobre ele.

— Muito obrigada por fazer isso — disse a mãe. — Como você pode ver, significava muito para Mark.

Os colegas de Mark começaram a se juntar em volta de nós. Chuck deu um sorriso muito tímido e disse:

— Eu ainda tenho a minha lista. Está na gaveta de cima da minha escrivaninha em casa.

A esposa de John disse:

— John me pediu para colocar a dele no nosso álbum de casamento.

— Eu tenho a minha também — disse Marilyn. — Está na minha agenda.

Depois Vicki, outra colega, enfiou a mão em sua bolsa, pegou sua carteira e mostrou sua lista velha e esfarrapada para o grupo.

— Eu carrego isto comigo o tempo todo — disse Vicki sem piscar. — Acho que todos nós guardamos nossas listas.

Foi aí que eu finalmente sentei e chorei.[3]

O que faria tantos adultos guardarem folhas de papel que tinham recebido anos antes, quando crianças, alguns deles carregando essas páginas aonde quer que fossem — até mesmo para uma batalha em um campo de arroz do outro lado do mundo? A resposta é apreciação. Todo mundo tem uma fome incrível e apreciação e reconhecimento. Ao interagir com as pessoas, ande lentamente no meio delas. Lembre-se dos nomes delas e reserve um tempo para mostrar a elas que você se importa. Faça das outras pessoas uma prioridade em sua vida acima de qualquer outra coisa, incluindo seus interesses e sua agenda. E dê às pessoas reconhecimento em qualquer oportunidade. Isso lhes levantará o ânimo e as motivará. E fará de você uma pessoa com influência significativa na vida delas.

Encorajamento

Foi conduzido um experimento anos atrás para medir a capacidade das pessoas de aguentar a dor. Os psicólogos mediram quanto tempo uma pessoa descalça conseguia ficar de pé em um balde de água muito gelada. Descobriram que um fator que tornou possível para algumas pessoas ficar na água muito gelada duas vezes mais tempo que as outras. Você consegue adivinhar que fator era esse? Foi o encorajamento. Quando outra pessoa estava presente, dando apoio e encorajamento, os sofredores conseguiam aguentar a dor muito mais tempo que seus colegas sem encorajamento.

> *Quando uma pessoa se sente encorajada, pode enfrentar o impossível e sobreviver a adversidades terríveis.*

Poucas coisas ajudam uma pessoa tanto quanto o encorajamento. George M. Adams o chamou de "oxigênio para a alma". O filósofo e poeta alemão Johann Wolfgang von Goethe escreveu: "A correção faz muito, mas o encorajamento depois da censura é como o sol depois de uma chuva." E William A. Ward revelou seus sentimentos quando disse: "Elogie-me, e eu posso não acreditar em você. Critique-me, e eu posso não gostar de você. Ignore-me, e eu posso não perdoá-lo. Encoraje-me, e eu nunca o esquecerei."

A capacidade de influenciar é um produto natural do encorajamento. Benjamin Franklin escreveu em uma carta ao comandante naval John Paul Jones: "De hoje em diante, se você encontrar uma oportunidade para dar a seus oficiais e amigos um pouco mais de elogio do que eles merecem, e confessar mais culpa do que justamente merece, você se tornará, mais rapidamente, um grande capitão." Jones evidentemente aprendeu a lição. Tornou-se um herói da Revolução Americana e mais tarde atingiu o posto de comodoro na marinha russa.

Assim como o encorajamento faz com que os outros queiram segui-lo, deixar de elogiar e encorajar tem o efeito oposto. Lemos um relato do Dr. Maxwell Maltz que mostra o impacto incrivelmente negativo que uma pessoa pode ter quando não elogia as pessoas próximas. Maltz descreveu uma mulher que veio ao seu consultório buscar sua ajuda. O filho tinha se mudado de sua casa no meio oeste para Nova York onde Maltz tinha seu consultório. Quando seu filho era criança, o marido da mulher morreu, e ela tocou seu negócio, esperando fazê-lo apenas até que o filho estivesse crescido o bastante para assumir. Mas quando o filho cresceu o bastante, não quis se envolver com isso. Em vez disso, quis ir para Nova York e estudar. Ela veio a Maltz porque queria que ele descobrisse por que seu filho tinha agido dessa forma.

Alguns dias depois, o filho foi ao consultório de Maltz, explicando que sua mãe tinha insistido na visita.

— Eu amo minha mãe — explicou —, mas eu nunca disse a ela por que tive de sair de casa. Eu nunca tive a coragem. E não quero que ela fique infeliz. Mas veja, doutor, eu não quero assumir o que meu pai começou, eu quero ser bem-sucedido sozinho.

— Isso é muito louvável — disse-lhe Maltz —, mas o que você tem contra seu pai?

— Meu pai era um bom homem e trabalhava duro, mas eu acho que me ressentia dele — disse. — Meu pai teve vida difícil. E achava que tinha de ser duro comigo. Acho que ele queria me imbuir de autoconfiança, ou coisa assim. Quando eu era criança, ele nunca me encorajou. Eu me lembro de brincar de apanhar a bola com ele no quintal. Ele arremessava e eu apanhava. Tínhamos uma brincadeira de ver se eu conseguia apanhar dez bolas seguidas. E, doutor, ele nunca me deixava pegar a décima bola! Ele jogava oito ou nove bolas para mim, mas sempre jogava a décima bola muito alta, ou no chão, ou onde eu não a conseguia pegar.

O jovem pausou por um momento e então disse:

— Ele nunca me deixava pegar a décima bola, nunca!

E eu acho que tinha de sair de casa e do negócio que ele começou porque eu queria, de alguma forma, pegar aquela décima bola!

A falta de encorajamento pode impedir uma pessoa de viver uma vida saudável e produtiva. Mas, quando uma pessoa se sente encorajada, pode enfrentar o impossível e sobreviver a adversidades terríveis. E a pessoa que lhe dá o presente do encorajamento se torna uma influência em sua vida.

O QUE ELES RECEBEM

Para se tornar uma fonte de alimentação, aprenda a pensar nos outros. Em vez de pensar em si, ponha os outros em primeiro lugar. Em vez de colocar os outros no lugar deles próprios, tente pôr a si mesmo no lugar deles. Nem sempre isso é fácil. Você só vai conseguir pensar nos outros e se dar a eles quando tiver uma sensação de paz em relação a você e a quem você é. Mas a recompensa ao alimentar são muitas. Quando você alimenta as pessoas, elas recebem várias coisas...

Amor-próprio positivo

Nathaniel Branden, um psiquiatra e especialista no assunto da autoestima, afirma que nenhum fator é mais decisivo no desenvolvimento psicológico e na motivação das pessoas do que o julgamento que fazem de si. Ele diz que a natureza da autoavaliação tem um efeito profundo em valores, crenças, processos de pensamento, sentimentos, necessidades e objetivos de uma pessoa. De acordo com ele, a autoestima é a chave mais significativa para o comportamento de uma pessoa.

A falta de amor-próprio pode ter todos os tipos de efeitos negativos na vida de uma pessoa. O poeta T. S. Eliot afirmou: "Metade do mal que é causado neste mundo é devido a pessoas que querem se sentir importantes... Elas não querem fazer mal... Elas estão absorvidas na luta eterna para ter uma boa opinião de si mesmas." Um baixo amor-próprio cria um teto invisível que pode impedir uma pessoa de tentar transpor limitações autoimpostas.

Se você é confiante e tem uma autoimagem saudável, então você pode estar dizendo: "Ei, eu entendo tentar aumentar o amor-próprio de uma criança, mas em relação aos meus empregados ou colegas, eles que cuidem de si. Eles são adultos. Eles têm de lidar com isso." A realidade é que a maioria das pessoas, tenham elas sete ou cinquenta e sete anos, sempre se beneficia de uma ajuda com seus sentimentos em relação a si mesma. Elas amariam ter seu senso de identidade elevado. Se você não acredita nisso, experimente o seguinte: Peça a duas pessoas que você conhece para escreverem em uma folha de papel os pontos fortes de suas personalidades. Cada pessoa geralmente lista meia dúzia. Então peça que escrevam todos os seus pontos fracos. Quase sempre a lista de pontos fracos tem o dobro do tamanho!

O crítico e escritor do século XVIII Samuel Johnson expressou esta ideia: "A autoconfiança é o primeiro grande requisito para grandes empreitadas." A autoestima impacta todos os aspectos da vida de uma pessoa: emprego, educação, relacionamentos e mais. Por exemplo, o *National Institute for Student Motivation* [Instituto nacional da motivação para estudantes] conduziu um estudo mostrando que o impacto da autoconfiança nas conquistas acadêmicas é maior do que o do QI. E Martin Seligman, professor de psicologia na Universidade da Pensilvânia, descobriu que as pessoas com alta autoestima conseguem empregos que pagam melhor e são mais bem-sucedidas em suas carreiras do que pessoas com baixa autoestima. Quando entrevistou representantes de uma grande companhia de seguros, descobriu que aqueles que esperavam vencer vendiam trinta e sete por cento mais seguros do que os que não esperavam.

Se você quiser ajudar as pessoas a melhorarem sua qualidade de vida, tornarem-se mais produtivas no trabalho e desenvolverem relacionamentos mais positivos, então ajude-as a melhorar seu amor-próprio. Faça com que se sintam bem em relação a si mesmas, e os benefícios positivos se derramarão sobre todos os aspectos da vida delas. E quando elas começarem a experimentar esses benefícios, serão gratas a você.

Senso de pertencimento

Pertencer a algo é uma das mais básicas necessidades humanas. Quando as pessoas se sentem isoladas e excluídas de um senso de comunhão com os outros, elas sofrem. Albert LaLonde destacou os perigos desse isolamento: "Muitos jovens hoje nunca experimentaram uma ligação emocional profunda com ninguém. Eles não sabem como amar e ser amados. A necessidade de ser amado se traduz na necessidade de pertencer a alguém ou algo. Motivados por sua necessidade... eles farão qualquer coisa para pertencerem."

Pessoas que são influências positivas entendem essa necessidade de senso de pertencimento e agem de forma que as pessoas se sintam incluídas. Pais se certificam de que seus filhos se sintam membros importantes da família. Cônjuges fazem seu esposo ou esposa se sentirem um parceiro igual e amado. E chefes mostram a seus empregados que eles são valiosos membros da equipe.

Grandes líderes são particularmente talentosos em fazer seus seguidores sentirem-se parte de algo. Napoleão

Bonaparte, por exemplo, era um mestre em fazer as pessoas se sentirem importantes e incluídas. Ele era conhecido por andar pelo campo e cumprimentar cada soldado pelo nome. Ao conversar com cada homem, ele perguntava sobre sua cidade natal, sua esposa e sua família. E o general falava sobre uma batalha ou manobra na qual ele sabia que o homem havia participado. O interesse e o tempo que ele dedicava a seus seguidores os faziam ter um senso de camaradagem e pertencimento. Não era à toa que eles eram devotados a ele.

Se você deseja se tornar um alimentador eficiente para as pessoas, desenvolva uma mentalidade orientada às outras pessoas. Procure maneiras de incluí-las. Seja como o fazendeiro que amarrava sua mula em um arado de dois cavalos todos os dias e dizia:

— Levante-se, Beauregard. Levante-se, Satchel. Levante-se, Robert. Levante-se, Betty Lou.

Certo dia, ao ouvir o fazendeiro, o vizinho perguntou:

— Quantos nomes essa mula tem?

— Ah, ela só tem um — respondeu o fazendeiro. — Seu nome é Pete. Mas eu ponho antolhos nela e chamo os outros nomes para que ela pense que há outras mulas trabalhando com ela. Ela tem uma atitude melhor quando é parte de uma equipe.

Perspectiva

Outra coisa que as pessoas ganham quando são alimentadas é uma perspectiva melhor de si. A maioria das pessoas recebe mais comentários negativos e críticas dos outros do que mereça — tanto que às vezes começa a perder seus valores de vista. Existe um exemplo disso em *A Touch of Wonder* [Um toque de maravilha], de Arthur Gordon. Ele relata a história de um amigo que era membro de um clube na Universidade de Wisconsin. O clube abrigava vários jovens brilhantes que tinham um talento genuíno para a escrita. Cada vez que eles se encontravam, um deles lia uma história ou um ensaio que tivesse escrito, e o resto do grupo a dissecava e criticava. A agressividade de seus comentários os levava a se chamarem de Estranguladores.

No mesmo campus, algumas mulheres formaram um grupo, e se chamavam de Argumentadoras. Elas também liam seus manuscritos umas para as outras, mas em vez de derramarem críticas sobre as outras, elas tentavam encontrar coisas positivas para dizer. Todo membro recebia encorajamento, independentemente de quão fraca ou incompleta estivesse sua história.

Para a maioria das pessoas, não é o que elas são que as impede de fazer as coisas. É o que elas acham que não são.

Os resultados das atividades dos dois grupos vieram à luz vinte anos depois quando as carreiras dos membros foram examinadas. Dos jovens talentosos nos Estranguladores, nenhum deles ficou famoso como escritor. Mas meia dúzia de escritoras famosas emergiram das Argumentadoras, mesmo elas não tendo necessariamente demonstrado um futuro promissor. E algumas das mulheres tinham ganhado fama nacional, como a vencedora do Pulitzer Marjorie Kinnan Rawlings.[4]

Para a maioria das pessoas, não é o que elas são que as impede de fazer as coisas. É o que elas pensam que não são. Os Estranguladores sem dúvida faziam uns aos outros suspeitarem que não eram qualificados para escrever, e, com o tempo, conseguiram se convencer disso. Quem sabe que tipo de talento foi esmagado com seu negativismo? Mas se alguém no grupo tivesse tomado a iniciativa de alimentar em vez de ser negativo, talvez outro Hemingway, Faulkner ou Fitzgerald tivesse emergido e dado ao mundo mais uma biblioteca de obras-primas.

Todo mundo gosta de ser alimentado, mesmo grandes homens e mulheres. Uma pequena exibição no Smithsonian Institution mostra isso. Lá estão abrigados os pertences pessoais encontrados com Abraham Lincoln na noite em que foi morto: um pequeno lenço com a inscrição "A. Lincoln" bordada, o canivete suíço de um menino do interior, uma caixa de óculos emendada com barbante, uma nota de cinco dólares dos Confederados e um velho recorte de jornal enaltecendo seus feitos como presidente. Começa: "Abe Lincoln é um dos maiores estadistas de todos os tempos..."[5]

Como mencionamos no capítulo anterior, Lincoln recebeu críticas agressivas enquanto estava no governo, e teria sido fácil para ele ficar totalmente desanimado. Esse artigo, marcado de tão antigo, indubitavelmente o ajudou em momentos muito difíceis. Ele o alimentou e o ajudou a manter sua perspectiva.

Sentimento de significância

Woody Allen uma vez disparou: "Meu único lamento na vida é que não sou outra pessoa." Embora ele provavelmente tenha dito isso para ser engraçado, com os problemas de relacionamento que ele teve ao longo dos anos, não podemos deixar de nos perguntar quanto de verdade existe em seu comentário. Na vida, a etiqueta de preço que o mundo coloca em nós é quase idêntica a que nós mesmos colocamos. As pessoas que têm uma boa quantidade de respeito próprio e que acreditam que têm significância, geralmente são respeitadas e se sentem valorizadas pelos outros.

Quando você alimenta as pessoas e agrega valor a elas sem esperar nada em troca, elas se sentem significantes. Percebem que são valorizadas, que significam algo para os outros. E uma vez que consistentemente se sintam positivas em relação a si, são livres para viver de forma mais positiva para si e para os outros.

Esperança

O escritor Mark Twain avisou: "Mantenha distância das pessoas que tentarem diminuir suas ambições. Pessoas pequenas sempre fazem isso, mas as realmente grandiosas fazem você sentir que você também pode ser grandioso." Como a maioria das pessoas se sente quando está perto de você? Elas se sentem pequenas e insignificantes, ou acreditam em si e têm esperança em relação ao que podem se tornar?

A chave para como você trata as pessoas está no que você pensa delas. É uma questão de atitude. Como você age revela aquilo em que você acredita. Johann Wolfgang von Goethe enfatizou: "Trate um homem como ele parece ser e você o fará pior. Mas trate um homem como se ele já fosse o que ele potencialmente pode ser, e você o tornará o que ele deveria ser."

A esperança é, talvez, o maior presente que você pode dar aos outros como resultado de alimentá-los, porque mesmo se o amor-próprio deles estiver baixo e eles não conseguirem ver a própria significância, ainda assim eles têm uma razão para continuar tentando e dando seu máximo para atingir seu potencial no futuro.

Em *Building Your Mate's Self-Esteem* [Elevando a autoestima do seu parceiro], Dennis Rainey conta uma história maravilhosa sobre a esperança alimentadora que pode levar ao desenvolvimento de um potencial tremendo. Ele diz que havia um menino chamado Tommy que passava por dificuldades na escola. Tommy vivia fazendo perguntas, e nunca conseguia acompanhar direito. Parecia que ele falhava em tudo que tentava. Sua professora finalmente desistiu dele e disse a sua mãe que Tommy não conseguia aprender e nunca seria grande coisa. Mas a mãe era uma alimentadora. Ela acreditava nele. Ela o ensinou em casa, e toda vez que ele errava, ela lhe dava esperança e o encorajava a continuar tentando.

Que fim levou Tommy? Ele se tornou um inventor, ostentando de mais de mil patentes, incluindo a do fonógrafo e a da primeira lâmpada incandescente comercialmente viável. Seu nome era Thomas Edison.[6] Quando as pessoas têm esperança, não se pode prever aonde podem chegar.

COMO TORNAR-SE UM ALIMENTADOR NATURAL

Talvez você não tenha nascido uma pessoa alimentadora. Muitos acham difícil serem amorosos e positivos com os outros, principalmente se o ambiente em que cresceram não foi particularmente elevador. Mas qualquer um pode se tornar alimentador e agregar valor aos outros. Se você cultivar a atitude positiva de pensar nos outros, você também pode se tornar um alimentador natural e curtir o privilégio extra da influência na vida dos outros. É assim que se faz:

- *Comprometa-se com eles*. Assuma o compromisso de se tornar um alimentador. Assumir o compromisso de ajudar as pessoas muda suas prioridades e suas ações. O amor pelos outros sempre dá um jeito de ajudar; a indiferença pelos outros não acha nada além de desculpas.

- *Acredite neles.* As pessoas ascendem ou caem para atingir as expectativas daqueles próximos a eles. Dê às pessoas sua confiança e esperança, e elas farão tudo que puderem para não decepcioná-lo.

- *Seja acessível a eles.* Você não pode alimentar ninguém a distância. Só de perto. Quando você começar o processo com as pessoas, pode ser que você precise passar muito tempo com elas. Mas ao ganharem confiança em si e no relacionamento, elas exigirão menos contato pessoal. Até atingirem esse ponto, certifique-se de que elas têm acesso a você.

- *Doe-se sem restrições.* Se você precisa das pessoas, não pode liderá-las. E alimentar é um aspecto da liderança. Em vez de tentar fazer disso uma transação, doe-se livremente sem esperar nada em troca. O economista do século XIX Henry Drummond sabiamente observou: "Você perceberá, ao olhar para trás, que os momentos em que você realmente viveu são os momentos em que fez as coisas com um espírito de amor."

- *Dê-lhes oportunidades.* À medida que as pessoas que você alimenta ganharem força, dê a elas oportunidades adicionais para vencer e crescer. Você continuará a alimentá-las, mas com o passar do tempo as ações e os feitos delas os ajudarão a permanecer seguros, respeitados e encorajados.

- *Eleve-os a um nível mais alto.* Seu objetivo deve sempre ser ajudar as pessoas a irem a um nível mais alto, atingirem seu potencial. Alimentar é o alicerce sobre o qual elas podem começar o processo de elevação.

Há relatos de que Walt Disney disse que há três tipos de pessoas no mundo. Há os envenenadores, que desencorajam os outros, pisam em sua criatividade e lhes dizem o que eles não podem fazer. Existem os aparadores de grama, pessoas que têm boas intenções, mas só pensam em si, aparam a própria grama e nunca ajudam os outros. E há os que melhoram a vida. Essa última categoria abrange pessoas que buscam enriquecer a vida dos outros, que os elevam e inspiram. Cada um de nós precisa fazer tudo que está ao nosso alcance para se tornar um dos que melhoram vidas, para alimentar as pessoas a fim de que se sintam motivadas para crescer e atingir seu potencial. É um processo que leva tempo. (E nos próximos capítulos, compartilharemos *insights* que lhe mostrarão como ajudar as pessoas a darem passos adicionais no processo.)

Uma das histórias mais inspiradoras de encorajamento e alimentação que já ouvimos tem a ver com John Wesley — uma pessoa de influência que mencionamos na introdução deste livro. Em 1791, Wesley escreveu uma carta a William Wilberforce, membro do Parlamento Inglês, que estava no meio de uma luta pela abolição do comércio de escravos na Grã-Bretanha. A carta, que desde então se tornou famosa, dizia assim:

Londres, 26 de fevereiro de 1791
Prezado Senhor:

A menos que o poder divino o tenha promovido... eu não vejo como o senhor pode seguir com sua gloriosa empreitada, ao contrário daquela vilania execrável, que é o escândalo da religião, da Inglaterra e da natureza humana. A menos que Deus o tenha promovido para isso, o senhor será esmagado pela oposição dos homens e dos demônios. Mas "se Deus é por você, quem será contra você"? Serão todos eles mais fortes que Deus? Oh, "não se poupe de fazer o bem!" Vá lá, em nome de Deus e do poder dele, até que a escravidão americana (a mais vil que já existiu) desapareça diante do poder dele...

Liderar é influenciar

Que ele, que o tem guiado desde sua juventude, possa continuar a fortalecê-lo nessa e em todas as coisas, é a prece de

Seu servo, com afeto,

J. Wesley

Quatro dias depois, Wesley estava morto, aos oitenta e oito anos de idade; no entanto, sua influência na vida de Wilberforce continuou por anos. Wilberforce não conseguiu convencer o parlamento a abolir a escravidão naquela época, mas ele não desistiu da luta. Permaneceu nela por décadas apesar de calúnias, vilipêndios e ameaças. E quando achava que não podia mais continuar, leu a carta de Wesley para buscar encorajamento. Finalmente, em 1807, a escravidão foi abolida. E em 1833, vários meses depois da morte de Wilberforce, a escravidão era contra a lei em todo o Império Britânico.

Embora condenado por muitos durante sua carreira, Wilberforce foi enterrado com honras na *Westminster Abbey* [Abadia de Westminster], como um dos homens mais estimados de sua época. Parte de seu epitáfio diz:

Eminente como foi em todo o departamento do serviço público,
E um líder em toda obra de caridade,
Fosse para aliviar as necessidades temporais ou espirituais de seus semelhantes
Seu nome será especialmente identificado
Com os esforços
Que, com a bênção de Deus, removeram da Inglaterra a culpa do comércio de escravos africanos,
E abriram o caminho para a abolição da escravidão em todas as colônias do Império.

Talvez exista um William Wilberforce na sua vida, só esperando para ser alimentado à grandeza. Você só vai saber quando se tornar um alimentador que se interesse pelos outros e agregue valor às pessoas que encontra.

Checklist da influência
Alimentando as pessoas

- **Desenvolva um ambiente de alimentação em sua casa, no local de trabalho ou na igreja.** Torne seu objetivo fazer com que as pessoas à sua volta se sintam amadas, respeitadas e seguras. Para fazer isso, comprometa-se a eliminar todas as críticas negativas do seu discurso por um mês e a buscar apenas coisas positivas para dizer às pessoas.
- **Dê encorajamento especial.** Escolha duas ou três pessoas para encorajar este mês. Mande para cada uma das três um bilhete curto escrito à mão toda semana. Torne-se acessível para essas pessoas. E dê do seu tempo sem esperar algo em troca. No fim do mês, examine seu relacionamento com elas e suas mudanças positivas.
- **Reconstrua pontes.** Pense em uma pessoa com quem você tendeu a ser negativo no passado. (Pode ser qualquer um: colega, parente ou empregado, por exemplo.) Vá a essa pessoa e peça desculpas por suas ações ou seus comentários passados. Depois, encontre a qualidade que você mais admira nessa pessoa e diga a ela. Durante as próximas semanas, procure meios de construir e fortalecer o relacionamento.

Capítulo 3

Uma pessoa de influência tem...

Fé nas pessoas

Multiplicar

Orientar

Motivar — *Fé*

Modelar

Jim cresceu em Niagara Falls, Nova York. Hoje a população é de cerca de 60 mil habitantes, mas quando Jim morava lá, havia perto de 100 mil pessoas. Era um centro industrial em franco crescimento, com empresas como a DuPont Chemical. Também havia pontos culturais, uma forte universidade de cem anos e outras atrações, mas o foco principal da cidade era a incrível maravilha natural das cataratas, como ainda é hoje.

Os iroqueses a chamavam de *Niagara*, que significa "trovão de águas". É uma vista espetacular. A cada minuto mais de 340 milhões de litros caem de uma distância de cerca de cinquenta e cinco metros pela beira das cataratas. E sua largura total, incluindo as porções canadense e norte-americana, mede mais de novecentos metros. É, justamente, reconhecida como uma das maravilhas naturais do mundo. Jim diz:

Quando éramos crianças, ouvimos um monte de histórias sobre as cataratas e os feitos ousados que alguns loucos costumavam fazer — como quando Annie Edson Taylor passou por sobre as cataratas em um barril e coisas desse tipo. Uma das grandes lendas da cidade foi um acrobata francês chamado Charles Blondin que viveu de 1824 a 1897. Ele cruzou toda a largura das cataratas em uma corda bamba em 1859. Isso deve ter exigido nervos de aço, já que uma queda certamente o teria matado. Na verdade, ele atravessou as cataratas várias vezes. Ele o fez uma vez com um carrinho de mão, outra vez vendado, e outra com pernas de pau. Dizem que ele era notável. Ele continuou trabalhando até ter mais de setenta anos.

Um de seus feitos mais incríveis foi cruzar as cataratas sobre uma corda bamba levando um homem em suas costas. Você consegue imaginar isso? Acho que só cruzar as cataratas sozinho não era ousado o bastante para ele! Porém, por mais difícil que tenha sido esse feito para Blondin, não posso deixar de imaginar como ele conseguiu convencer alguém a ir com ele. É isso que se chama confiança: montar nas costas de um homem que vai andar mais de oitocentos quilômetros em uma corda suspensa sobre uma das quedas d'água mais poderosas do mundo.

Eu costumava pensar nisso quando era criança. Como seria ver as cataratas do alto de uma corda? E, mais importante, que pessoa confiaria em mim para carregá-la sobre as cataratas da maneira como aquele homem confiou em Blondin?

FATOS SOBRE A FÉ NAS PESSOAS

Não sabemos a identidade do homem que Blondin carregou nas costas pelas cataratas, mas não há dúvidas de que ele tinha grande fé no acrobata francês. Afinal de contas, ele pôs sua vida nas mãos do homem. Não se vê esse tipo de confiança nos outros todos os dias. Mas quando se vê, é uma coisa muito especial.

A fé nas pessoas é uma qualidade essencial de uma pessoa de influência quando se trabalha com os outros; no entanto, é um artigo raro hoje. Dê uma olhada nos quatro fatos seguintes sobre a fé:

1. A maioria das pessoas não tem fé em si

Não muito tempo atrás, vimos uma tirinha de *Shoe*, de Jeff MacNelly, que mostrava Shoe, o mal-humorado editor de jornal, no monte em um jogo de beisebol. Seu apanhador disse a ele: "Você tem que ter fé em sua bola curva." No próximo quadro Shoe comentava: "É fácil para ele falar. No que diz respeito a acreditar em mim, sou agnóstico."

Quando você acredita nas pessoas, elas fazem o impossível.
— *Nancy Dornan*

É assim que muitas pessoas se sentem hoje. Têm dificuldade de acreditar em si. Elas acreditam que vão falhar. Mesmo quando veem uma luz no fim do túnel, estão convencidas de que é um trem. Veem dificuldade em todas as possibilidades. Mas a realidade é que as dificuldades raramente derrotam as pessoas: a falta de confiança em si é que geralmente as derrota. Com um pouco de fé em si, as pessoas podem fazer coisas miraculosas. Mas sem ela, é muito difícil.

2. A maioria das pessoas não tem alguém que tem fé nelas

Em *Just for Today* [Só por hoje], James Keller conta esta história: "Um vendedor de flores de rua não estava vendendo nada. De repente uma ideia feliz veio a ele e ele fez esta placa: 'Esta gardênia lhe fará se sentir importante o dia todo por 10 cents'. Imediatamente suas vendas começaram a crescer."

Em nossa sociedade hoje, a maioria das pessoas se sente isolada. O forte senso de comunidade que uma vez foi apreciado pela maioria dos norte-americanos se tornou raro. E muitas pessoas não têm o apoio familiar que era mais comum trinta ou quarenta anos atrás. Por exemplo, o evangelista Bill Glass notou: "Mais de noventa por cento dos presos ouviu de seus pais quando mais novos: 'Você vai acabar na cadeia'." Em vez de ensinar seus filhos a terem fé em si, alguns pais os estão destruindo. Para muitas pessoas, nem mesmo aquelas que são mais próximas acreditam nelas. Não há ninguém ao seu lado. Não é à toa que até mesmo uma pequena coisa como uma flor pode fazer a diferença em como uma pessoa enxerga o dia.

3. A maioria das pessoas sabe quando alguém acredita nelas

O instinto das pessoas é muito bom para perceber quando os outros têm fé nelas. Elas podem sentir se essa fé é genuína ou falsa. E ter fé sincera em alguém pode mudar a vida dessa pessoa. A mulher de Jim, Nancy, frequentemente diz: "Quando você acredita nas pessoas, elas fazem o impossível."

Em seu livro *Move Ahead with Possibility Thinking* [Siga adiante com um pensamento nas possibilidades], o amigo de John, Robert Schuller, pastor da Crystal Cathedral, em Garden Grove, Califórnia, conta uma história maravilhosa sobre um incidente que mudou sua vida quando criança. Aconteceu quando seu tio acreditou nele e demonstrou isso com palavras e ações:

> *Seu carro passou pelo celeiro ainda sem pintar e parou com uma nuvem de poeira de verão no nosso portão da frente. Eu corri descalço pela varanda cheia de farpas e vi meu tio Henry saindo do carro. Ele era alto, muito bonito, e cheio de vida e energia. Depois de muitos anos fora como missionário na China, estava visitando nossa fazenda em Iowa. Ele correu para o velho portão e botou suas duas grandes mãos em meus pequenos ombros de quatro anos de idade. Ele deu um largo sorriso, bagunçou meu cabelo despenteado e disse: "Bem! Você deve ser Robert! Acho que você vai ser um pastor um dia." Naquela noite eu orei secretamente: "E querido Deus, faça de mim um pastor quando eu crescer!" Acredito que Deus me fez um "pensador das possibilidades" naquele momento, ali mesmo.*

Ao se esforçar para se tornar uma pessoa de influência, lembre sempre que seu objetivo não é fazer as pessoas admirarem mais você. É para elas se admirarem mais. Tenha fé nelas, e elas vão começar a fazer exatamente isso.

As dificuldades raramente derrotam as pessoas; a falta de fé em si é que geralmente o faz.

4. A maioria das pessoas fará qualquer coisa para atingir sua fé nelas

As pessoas ascendem ou declinam para atingir seu nível de expectativas para elas. Se você expressar ceticismo e dúvida com relação aos outros, eles retornarão sua falta de confiança com mediocridade. Mas se você acreditar neles e esperar que obtenham sucesso, eles farão o máximo tentando fazer seu melhor. E, no processo, todos se beneficiarão. John H. Spalding expressou a ideia desta forma: "Aqueles que acreditam em nossa capacidade fazem mais do que nos estimular. Eles criam para nós uma atmosfera na qual fica mais fácil vencer."

Se você nunca foi de confiar nas pessoas e depositar fé nelas, mude sua forma de pensar e comece a acreditar nelas. Sua vida vai mudar rapidamente. Quando você tem fé nos outros, você lhes dá um presente incrível. Dê aos outros dinheiro, e ele é logo gasto. Dê recursos, e eles podem não ser usados da melhor maneira. Dê ajuda, e as pessoas muitas vezes logo estarão de volta onde começaram. Mas dê-lhes sua fé, e elas se tornam confiantes, energizadas e independentes. Elas se tornam motivadas para adquirir o que precisam para vencer sozinhas. E, depois, se você compartilhar dinheiro, recursos e ajuda, elas estarão mais capazes de usá-los para construir um futuro melhor.

A FÉ É A CRENÇA EM AÇÃO

No fim do século XIX, um vendedor da região leste chegou a uma cidade de fronteira em algum lugar nas Grandes Planícies. Ao conversar com o dono de um mercado, um rancheiro entrou, e o dono pediu licença e foi atender o cliente. Enquanto conversaram, o vendedor não pôde evitar ouvir sua conversa. Parecia que o rancheiro queria crédito por algumas coisas de que precisava.

— Você vai fazer alguma cerca nesta primavera, Jake? — perguntou o lojista.

— Claro que vou, Bill — disse o rancheiro.

— Para cercar o que está dentro ou fora?

— Dentro. Pegando mais 360 acres rio abaixo.

— Fico feliz de ouvir isso, Jake. Conseguiu seu crédito. Apenas diga ao Steve lá nos fundos o que você precisa.

O vendedor ficou estupefato.

— Já vi todo o tipo de sistemas de crédito — disse —, mas nunca um assim. Como funciona?

— Bem — disse o dono —, deixe-me contar. Se um homem está construindo uma cerca para conter o que está fora, isso significa que ele está com medo, tentando proteger o que tem. Mas se está contendo o que está dentro, está crescendo e tentando melhorar. Eu sempre dou crédito a um homem que está contendo o que está dentro porque isso significa que ele acredita em si.

Ter fé nas pessoas exige mais do que meras palavras ou sentimentos positivos por elas. Temos de embasá-las com o que fazemos. Como W. T. Purkiser, professor emérito do Point Loma College, viu claramente: "A fé é mais do que pensar que algo é verdadeiro. Fé é pensar que algo é verdadeiro de modo que agimos de acordo."

Se você quiser ajudar os outros e causar um impacto positivo em sua vida, tem de tratá-los com esse tipo de confiança. Ralph Waldo Emerson disse: "Confie nos homens e eles serão verdadeiros com você; trate-os com grandeza e eles se mostrarão grandes." Passe a acreditar nas pessoas; até mesmo as mais vacilantes e inexperientes podem desabrochar diante dos seus olhos.

COMO ACREDITAR NAS PESSOAS

Temos sorte de termos crescido em ambientes positivos e afirmativos. Como resultado, não temos dificuldade para acreditar nas pessoas e expressar essa crença. Mas entendemos que nem todo mundo teve o benefício de uma criação positiva. A maioria das pessoas precisa *aprender* a ter fé nos outros. Para construir sua fé nos outros, experimente usar estas sugestões:

Acredite nelas antes de vencerem

Você já notou quantas pessoas torcem por um time assim que ele começa a ganhar? Isso aconteceu aqui em San Diego alguns anos atrás quando os Chargers ganharam na divisão deles, depois ganharam todos os jogos dos *playoffs* anteriores ao Super Bowl. A cidade toda enlouqueceu. Dava para ver o raio, símbolo do time, em todo lugar: nas casas das pessoas, nos vidros dos carros, em broches etc.

Durante o auge do sucesso dos Chargers, duas personalidades locais de rádio chamadas Jeff e Jer alvoroçaram as pessoas de San Diego patrocinando um grande evento no estádio certo dia pela manhã. Seu plano era dar às pessoas que aparecessem camisas nas cores do time e alinhá-las no estacionamento na forma de um raio gigante. Então eles tirariam uma foto daquela imagem de um helicóptero e a colocariam no jornal na manhã seguinte. Seriam necessárias duas mil pessoas para realizar o feito, e eles esperavam que pessoas suficientes aparecessem. Imagine sua surpresa quando apareceram tantas pessoas que acabaram as camisas, e eles acabaram cercando o "raio humano" com uma borda de extras! Foi uma coisa tão grande que alguns programas jornalísticos deram um tratamento à notícia de caráter nacional.

Todos amam um vencedor. É fácil ter fé nas pessoas que já se provaram. É muito mais difícil acreditar nas pessoas antes de elas terem se provado. Mas essa é a chave para motivar as pessoas a atingirem seu potencial. Você tem de acreditar nelas primeiro, antes de elas obterem sucesso, e às vezes antes de elas mesmas acreditarem em si. O escritor e moralista francês Joseph Joubert disse: "Ninguém pode dar fé antes de ter fé. São os persuadidos que persuadem." Você precisa de fé nos outros antes de poder persuadi-los a acreditarem em si.

Algumas pessoas na sua vida querem desesperadamente acreditar em si mesmas, mas têm pouca esperança. Ao interagir com elas, lembre-se do lema do herói francês da I Guerra Mundial Ferdinand Foch: "Não há situações desesperadoras: há apenas homens e mulheres que perderam as esperanças." Todo mundo tem sementes de grandeza em si, mesmo que elas possam estar adormecidas agora. Mas quando você acredita nas pessoas, você rega as sementes e dá a essas pessoas a chance de crescer. Toda vez que você deposita sua fé nelas, está dando água, calor, comida e luz. E se você continuar a dar encorajamento com sua fé, essas pessoas vão desabrochar com o tempo.

Enfatize seus pontos fortes

Mencionamos anteriormente que muitas pessoas erroneamente pensam que, para serem influentes elas têm de ser uma "autoridade" e apontar as deficiências dos outros. As pessoas que experimentam essa abordagem se tornam como a Lucy da história em quadrinhos *Peanuts* do Charles Schulz. Em uma tirinha, Lucy disse ao pobre Charlie Brown: "Você, Charlie Brown, é uma bola fora no campo da vida! Você está nas sombras do próprio travessão! Você é uma tacada errada! Você é três tacadas no décimo oitavo buraco no minigolfe!

Você é a derrubada de sete pinos na décima rodada... Você é um lance livre perdido, um taco de golfe torto e uma terceira advertência! Você entendeu? Fui clara?" Essa não é bem uma maneira de se impactar positivamente a vida de outra pessoa!

A estrada para se tornar uma influência positiva nos outros está exatamente na direção contrária. A melhor maneira de mostrar às pessoas sua fé nelas e motivá-las é concentrar sua atenção em seus pontos fortes. De acordo com o escritor e executivo da publicidade Bruce Barton: "Nada esplêndido já foi conquistado exceto por aqueles que ousaram acreditar que algo dentro deles era superior às circunstâncias." Ao enfatizar os pontos fortes dos outros, você os está ajudando a acreditar que eles têm o que precisam para vencer.

Acreditar nas pessoas antes que elas tenham se provado é a chave para motivá-las a atingirem seu potencial.

Elogie-as pelo que elas fazem bem, em particular e em público. Diga a elas o quanto você aprecia suas qualidades positivas e suas habilidades. E toda vez que você tiver uma oportunidade para elogiá-las na presença de sua família e seus amigos próximos, faça-o.

Liste seus sucessos passados

Mesmo quando você enfatiza seus pontos fortes, as pessoas podem precisar de mais encorajamento para mostrar que você acredita nelas e para motivá-las. A empreendedora Mary Kay Ash advertiu: "Todo mundo tem uma placa invisível pendurada no pescoço dizendo 'Faça com que eu me sinta importante!' Nunca esqueça essa mensagem quando estiver trabalhando com pessoas." Uma das melhores maneiras de se fazer isso é ajudar as pessoas a lembrarem seus sucessos passados.

O relato de Davi e Golias apresenta um exemplo clássico de como os sucessos passados podem ajudar uma pessoa a ter fé em si mesma: Um campeão filisteu de dois metros e setenta chamado Golias ficou diante do exército de Israel e zombou dele por quarenta dias, desafiando-os a mandar um guerreiro para enfrentá-lo. No quadragésimo dia, um jovem pastor chamado Davi veio às linhas do front para entregar comida a seus irmãos, que estavam no exército de Israel. Enquanto estava lá, testemunhou a demonstração desdenhosa de zombarias e desafios. Davi ficou tão furioso que disse ao rei Saul de Israel que queria enfrentar o gigante na batalha. Eis o que aconteceu:

> *Davi disse a Saul: "Ninguém deve ficar com o coração abatido por causa desse filisteu; teu servo irá e lutará com ele." Respondeu Saul: "Você não tem condições de lutar contra esse filisteu; você é apenas um rapaz, e ele é um guerreiro desde a mocidade." Davi, entretanto, disse a Saul: "Teu servo toma conta das ovelhas de seu pai. Quando aparece um leão ou um urso e leva uma ovelha do rebanho, eu vou atrás dele, dou-lhe golpes e livro a ovelha de sua boca. Quando se vira contra mim, eu o pego pela juba e lhe dou golpes até matá-lo. Teu servo pôde matar um leão e um urso; esse filisteu incircunciso será como um deles, pois desafiou os exércitos do Deus vivo. O Senhor que me livrou das garras do leão e das garras do urso me livrará das mãos desse filisteu." Diante disso, Saul disse a Davi: "Vá, e que o Senhor esteja com você."[1]*

Davi recapitulou seus sucessos passados, e teve confiança em suas ações futuras. E, é claro, quando enfrentou o gigante, derrubou-o como a uma árvore, usando nada além de uma pedra e um estilingue. E, quando cortou a cabeça de Golias, seu sucesso inspirou seus compatriotas; então eles derrotaram o exército filisteu.

Nem todo mundo tem a habilidade natural de reconhecer sucessos passados e obter confiança deles. Algumas pessoas precisam de ajuda. Se você puder mostrar aos outros que eles foram bem no passado e ajudá-los a ver que suas vitórias passadas abriram caminho para o sucesso futuro, eles podem entrar em ação. Listar sucessos passados ajuda as pessoas a acreditarem em si.

Implante confiança quando eles falharem

Quando você tiver encorajado as pessoas e depositado sua fé nelas, e elas começarem a acreditar que podem vencer na vida, elas logo atingem uma encruzilhada crítica. Na primeira ou segunda vez em que falharem — e elas vão falhar, pois é parte da vida —, elas terão duas escolhas. Elas podem desistir ou seguir em frente.

Algumas pessoas são flexíveis e estão dispostas a continuar tentando para vencer, mesmo quando não veem progresso imediato. Mas outras não são tão determinadas assim. Algumas vão desabar ao primeiro sinal de problema. Para lhes dar um empurrão e inspirá-las, você precisa continuar mostrando sua confiança nelas, mesmo quando estão cometendo erros ou indo mal.

Uma das maneiras de se fazer isso é contar-lhes sobre seus problemas e traumas passados. Às vezes, as pessoas acham que, se você é bem-sucedido atualmente, você sempre foi assim. Elas não percebem que você teve sua cota de falhas, erros e fracassos. Mostre a elas que o sucesso é uma jornada, um processo, não um destino. Quando elas percebem que você falhou e ainda assim conseguiu vencer, elas se darão conta de que está tudo bem se falharem. E sua confiança permanecerá intacta. Elas aprenderão a pensar como a lenda do beisebol Babe Ruth, quando ele disse:

"Nunca deixe que o medo de lançar uma bola fora fique em seu caminho."

Experimentem algumas vitórias juntos

Não basta simplesmente saber que o fracasso é parte de se progredir na vida. Para realmente ficar motivado para vencer, é necessário acreditar que se pode vencer. John, como muitos de nós, sentiu o gosto da vitória quando ainda era criança. Ele diz:

> *Quando criança, eu idolatrava meu irmão Larry, que é dois anos e meio mais velho que eu. Depois dos meus pais, ele era provavelmente a maior influência em minha vida quando eu era garoto. Larry sempre foi um grande líder e um excelente atleta. E, sempre que jogávamos basquete, futebol ou beisebol com os meninos do bairro, Larry era capitão.*
>
> *Muitas vezes, quando separavam os times, eu era um dos últimos escolhidos, porque era mais novo e menor do que a maioria dos meninos. Mas, à medida que eu crescia, Larry começou a me escolher mais, e isso sempre me fazia sentir bem, não só porque significava que meu irmão se importava comigo, mas porque eu sabia que, quando Larry me escolhesse, eu estaria no time vencedor. Veja bem, Larry era um competidor voraz, e não gostava de perder. Ele sempre jogava para vencer, e geralmente vencia. Juntos, botamos muitas vitórias no bolso, e eu esperava vitória quando jogava com meu irmão.*

Vencer é motivante. O romancista David Ambrose reconheceu essa verdade: "Se você tiver a vontade de vencer, você atingiu metade do seu sucesso; se não tiver, atingiu metade do seu fracasso." Estar ao lado dos outros para ajudá-los a experimentar algumas vitórias com você lhes dá razões para acreditarem que vencerão. E, no processo, eles sentem a vitória. É aí que coisas incríveis começam a acontecer em sua vida. Examine esta comparação entre o que acontece quando as pessoas sentem a vitória e quando esperam a derrota:

Quando as pessoas sentem a vitória	Quando as pessoas sentem a derrota
Elas se sacrificam para vencer.	Elas se dão o mínimo possível.
Elas procuram meios de vencer.	Procuram desculpas.
Elas vêm energizadas.	Ficam cansadas.
Seguem a estratégia.	Abandonam a estratégia.
Ajudam os outros membros do time.	Machucam os outros.

Para ajudar as pessoas a acreditar que podem alcançar a vitória, coloque-as em uma posição para experimentar pequenos sucessos. Encoraje-as a executar tarefas ou assumir responsabilidades que você sabe que elas podem cumprir e fazer bem. E dê-lhes a assistência de que precisam para vencer. Como disse o orador grego Demóstenes, "pequenas oportunidades muitas vezes são o começo de grandes empreendimentos." Com o tempo, à medida que sua confiança cresce, elas assumirão desafios mais difíceis, mas poderão enfrentá-los com confiança e competência por causa do histórico positivo que estão desenvolvendo.

Visualize o futuro sucesso delas

Ouvimos falar de um experimento executado com ratos de laboratório a fim de medir sua motivação para viver sob diferentes circunstâncias. Os cientistas colocaram um rato em uma jarra de água que tinha sido deixada em escuridão total, e mediram quanto tempo o animal continuaria nadando antes de desistir e se permitir afogar-se. Descobriram que o rato geralmente durava pouco mais que três minutos.

Depois, eles puseram outro rato no mesmo tipo de jarra, mas em vez de colocá-lo em escuridão total, permitiram que um raio de luz o iluminasse. Sob essas circunstâncias, o rato continuou nadando por trinta e seis horas. Isso é mais do que setecentas vezes mais tempo do que o do escuro! Como o rato podia ver, continuava a ter esperança.

Se isso vale para animais de laboratório, imagine quão forte o efeito da visualização pode ser nas pessoas, que são capazes de raciocínio mais elevado. Já foi dito que uma pessoa pode viver quarenta dias sem comida, quatro dias sem água, quatro minutos sem ar, mas apenas quatro segundos sem esperança. Cada vez que você lança uma visão para os outros e pinta uma imagem de seu sucesso futuro, você os eleva, os motiva e lhes dá razões para seguir adiante.

Espere um novo nível de vida

O estadista alemão Konrad Adenauer observou: "Todos vivemos sob o mesmo céu, mas nem todos temos o mesmo horizonte." Por meio da influência, você tem o objetivo de ajudar os outros a enxergar além do hoje e de suas circunstâncias atuais e a sonhar grandes sonhos. Quando você deposita sua fé nas pessoas, você as ajuda a expandir seus horizontes e as motiva a viver um novo nível de vida.

Para ajudar as pessoas a acreditarem que podem atingir a vitória, coloque-as em uma posição em que experimentem pequenos sucessos.

Uma parte desse novo jeito de viver é uma mudança de atitude. De acordo com Denis Waitley, "a vantagem do vencedor não é um berço de ouro, um elevado QI ou talento. A vantagem do vencedor está na atitude, e não na aptidão. A atitude é o critério para o sucesso." À medida que a atitude das pessoas muda da dúvida para a confiança — em si mesmo e em sua capacidade de vencer e atingir seu potencial — tudo em sua vida muda para melhor.

Jim e Nancy ganharam *insights* incríveis sobre o poder de depositar sua fé nos outros muitos anos atrás, quando decidiram arriscar com seu filho Eric em uma montanha em Utah. Aqui está o relato de Jim:

Quando você tem um filho com deficiência, você constantemente luta uma batalha de emoções entre fornecer a ele novas experiências e protegê-lo de danos ou fracassos. Nossa vida com Eric não tem sido exceção. Apesar de suas limitações, que incluem ter de usar uma cadeira de rodas e quase não poder usar sua mão direita, Eric tem um grande espírito positivo. E, muitas vezes, se há hesitação para experimentar coisas novas, isso parte de Nancy e de mim, e não dele.

Cerca de cinco anos atrás, Nancy teve a ideia de que deveríamos levar Eric para esquiar. Ela tinha ouvido de um amigo sobre um lugar em Park City, Utah, chamado National Ability Center [Centro de Habilidade Nacional]. Lá eles oferecem às pessoas com deficiências instruções e assistência para a prática de esqui na neve, natação, tênis, esqui aquático, hipismo, rafting e outras atividades. Ela achou que a experiência seria ótima para a autoestima dele.

Devo admitir, eu estava cético a respeito disso desde o começo. Sabendo como o esporte é difícil para mim, eu tinha dificuldade em imaginar Eric descendo uma montanha de 3.000 metros em alta velocidade. E não ajudava nada saber que um golpe na cabeça de Eric poderia fazer com que ele tivesse um ataque que o deixaria no hospital para mais cirurgias no cérebro. Mas Nancy tinha fé que Eric conseguiria, e quando ela acredita, ele também acredita. E lá fomos nós experimentar.

Quando chegamos a Deer Valley e encontramos algumas das pessoas que trabalham no National Ability Center, comecei a me sentir um pouco melhor. Eles eram profissionais e extremamente positivos, e nos mostraram o equipamento que Eric usaria, um tipo de bi-esqui com um assento moldado. Eric seria posto na cadeira e aceleraria usando uma barra ligada a esquis externos.

Ao começarmos a preencher a papelada, ficamos momentaneamente paralisados quando lemos a renúncia sobre Eric estar "participando de atividades que envolvem risco de danos sérios, incluindo paralisia permanente e morte." Isso fez o risco parecer bem real, mas a essa altura Eric estava muito animado e nós não queríamos que ele visse nenhuma hesitação vinda de nós.

Depois de prender Eric em seu bi-esqui e lhe dar algumas instruções, Stephanie, sua jovem instrutora, o levou para a pista de iniciantes. Cerca de dez minutos depois, ficamos animados ao ver Eric descendo a montanha com o maior sorriso no rosto. Ficamos tão orgulhosos dele que estávamos batendo as mãos no alto e lhe dando tapinhas nas costas. Pensei para mim: não foi tão ruim assim.

Depois subiram de novo. O que não sabíamos era que dessa vez eles estavam indo para o topo da montanha. No pé da montanha esperamos. E esperamos. Não tínhamos certeza se veríamos Eric descendo a montanha em seus esquis ou em uma maca com a patrulha do esqui. Finalmente, depois de cerca de trinta minutos, vimos Stephanie e ele descendo feito loucos e esquiarem até o fim da descida. Suas bochechas estavam vermelhas, e ele estava com um sorriso igual ao do gato de Cheshire. Ele amou.

— Chega para lá, pai — disse, ao correr por nós. — Vou subir de novo.

Eric esquiou todos os dias nessa viagem. Na verdade, quando terminou de esquiar um dia, ele nos disse:

— Stephanie não me levou até o topo da montanha hoje.

— Oh — disse Nancy —, então quem esquiou com você?

— Um cara de uma perna — respondeu Eric.

— O quê! — chiou Nancy. — Como assim um cara de uma perna?

— Isso — disse Eric. — Depois Eric sorriu maroto e disse:
— Quer saber como ele perdeu a perna? Avalanche!

Eric esquia todos os anos desde então, e sua vida nunca mais foi a mesma. Agora ele tem uma confiança que nunca tivera antes, e está disposto a experimentar quase qualquer coisa. Ele nada três vezes por semana, faz musculação, joga futebol e faz outras coisas. Acho que se pode dizer que ele adotou o lema do National Ability Center para si: "Se eu posso fazer isso, eu posso fazer qualquer coisa!"

Se eles tivessem feito as coisas à maneira de Jim, Eric nunca teria tido a chance de experimentar o que experimentou naquela montanha em Utah cinco anos atrás. Jim ama Eric com todo o seu coração, mas tende a querer optar pela segurança. Depositar sua fé nos outros envolve arriscar. Mas as recompensas superam os riscos. Robert Louis Stevenson disse: "Sermos o que somos, e tornarmo-nos o que somos capazes de nos tornar, é a única finalidade da vida." Quando você deposita sua fé nos outros, você os ajuda a atingir seu potencial. E você se torna uma influência importante em sua vida.

Checklist da influência
Tendo fé nas pessoas

- **Encontre um ponto forte.** Pense em alguém que você gostaria de influenciar. Encontre um ponto forte que a pessoa tem, e mostre-o para ela. Use sua interação como uma oportunidade para expressar confiança na pessoa.
- **Cresça a partir de sucessos passados.** Se você tiver de dar a alguém uma tarefa difícil no futuro próximo, separe algum tempo para recordar os sucessos passados dessa pessoa. Então, quando você encontrá-la, revise esses

sucessos passados. (Se você passar por esse processo e não se lembrar de nenhum sucesso passado, é sinal de que você passou muito pouco tempo conhecendo essa pessoa. Planejem passar algum tempo juntos para se conhecerem melhor.)

- **Ajude os outros a superarem a derrota.** Se você tiver colegas, amigos, empregados ou parentes que recentemente experimentaram uma derrota de algum tipo, reserve um tempo para conversar com eles sobre isso. Deixe que contem toda a história, e quando tiverem terminado, deixe claro que você os valoriza e ainda confia fortemente neles.

- **Comece direito.** Na próxima vez em que você recrutar novas pessoas para sua organização, comece os relacionamentos direito. Em vez de esperar até depois de elas provarem seu valor para elogiá-las, faça questão de expressar repetidamente sua fé nelas e em sua capacidade antes que elas lhe deem resultados. Você ficará feliz com o desejo delas de atingir suas expectativas positivas.

Capítulo 4

Uma pessoa de influência...

Ouve as pessoas

Multiplicar

Orientar

Motivar — *Ouvir*

Modelar

Se você estivesse indo para uma entrevista de emprego hoje, qual você diria que é a habilidade mais importante de que você precisaria? É a escrita, para criar um currículo matador? Ou talvez habilidades de vendas? Afinal, não é isso que você faz em uma entrevista, se vender? Ou então o carisma? Se você for carismático, certamente vai conseguir o emprego que quer, não é?

Ou digamos que em vez de ir para uma entrevista você fosse passar seu dia recrutando, seja para oportunidades de negócios, para o ministério ou pessoas para jogar em seu time de beisebol. De que habilidade você precisaria como recrutador? Discernimento? Um olhar para o talento? A capacidade de lançar uma visão e empolgar as pessoas? Ou talvez as difíceis habilidades de negociação?

Melhor ainda, digamos que seu trabalho hoje fosse fornecer novas ideias para sua organização. De que qualidades você precisaria? Criatividade? Inteligência? Você precisaria de muito estudo? Qual é a habilidade número um de que você precisaria?

Não importa qual dessas três tarefas você fosse fazer hoje, você precisaria de uma habilidade acima de todas as outras, mais do que talento, discernimento ou carisma. É a habilidade principal que todos os grandes líderes reconhecem como indispensável para sua capacidade de influenciar os outros e obter sucesso. Você adivinhou o que é? É a habilidade de ouvir.

Nem todo mundo aprende rápido a lição sobre a importância de ouvir. Pegue, por exemplo, a experiência de Jim:

Recém-saído da faculdade de engenharia da Purdue University, ingressei no ambiente corporativo na McDonnell-Douglas onde eles tinham cerca de 40 mil empregados. Eu estava trabalhando no grupo de design avançado para o DC-10, fazendo análises de túnel de vento e simulações em computador do desempenho da aeronave.

Mas eu não demorei para perceber que não ia ficar lá até o fim da minha carreira. Alguns dos rapazes com quem eu trabalhava estavam lá havia duas décadas, e nada tinha mudado neles nesses vinte anos. Eles estavam estagnados, esperando pelo relógio de ouro. Mas eu queria causar um impacto maior no meu mundo.

Foi aí que eu comecei a buscar outras oportunidades de negócios, e quando encontrei a oportunidade certa, comecei a tentar recrutar outros para se juntarem a mim. Nessa época, minha estratégia era encontrar pessoas na imensa lanchonete dos empregados. Depois de esperar na fila para pegar meu almoço, eu procurava uma cadeira do lado de alguém que parecesse inteligente e que estivesse sentado sozinho, e começava uma conversa com ele. Na primeira chance que eu tinha, eu o bombardeava com informações e tentava convencê-lo com fatos impressionantes e uma lógica irrefutável. Eu consegui intimidar algumas pessoas com a força de minhas convicções, mas não consegui construir um relacionamento produtivo com ninguém.

Eu vinha fazendo isso havia vários meses, com pouco sucesso, quando certo dia eu estava conversando com um cara de outro departamento. Ele estava me falando sobre as frustrações que estava tendo com seu chefe, e sobre alguns problemas que estava tendo em casa. Ele acabara de descobrir que seu filho mais velho precisaria usar aparelho dentário, seu carro velho estava em seus últimos suspiros, e ele não tinha certeza de como ia conseguir sair dessa. Eu senti muita pena dele, e queria conhecê-lo melhor. Então, de repente, percebi que podia ajudá-lo. Ele estava se sentindo impotente no trabalho, e estava com problemas financeiros — duas coisas que poderiam ser mudadas com um negócio próprio. Então eu comecei a falar sobre meu negócio e explicar como poderia resolver alguns dos problemas dele. E, para minha grande surpresa, ele, na verdade, ficou muito interessado.

Naquele dia eu entendi: Que idiota eu estava sendo! Não posso vencer com os outros despejando informações neles. Se eu quero ajudá-los ou ter um impacto positivo nas pessoas, preciso aprender a ouvi-las!

O VALOR DE OUVIR

Edgar Watson Howe certa vez brincou: "Nenhum homem ouviria você falar se não soubesse que ele é o próximo." Infelizmente, isso descreve de forma precisa a maneira como muitas pessoas abordam a comunicação — estão ocupadas demais esperando sua vez para realmente ouvir os outros. Mas as pessoas de influência entendem o incrível valor de se tornar um bom ouvinte. Por exemplo, quando Lyndon B. Johnson era senador pelo Texas, tinha uma placa em seu escritório que dizia: "Você não está aprendendo nada quando é o único a falar." E Woodrow Wilson, o vigésimo oitavo presidente dos EUA, certa vez disse: "O ouvido do líder deve ressoar com as vozes das pessoas."

A habilidade de ouvir direito é uma chave para ganhar influência com os outros. Pense nestes benefícios de ouvir que descobrimos.

Ouvir mostra respeito

A psicóloga Dra. Joyce Brothers disse: "Ouvir, não imitar, pode ser a forma mais sincera de homenagem." Sempre que você não presta atenção ao que os outros têm a dizer, você lhes manda a mensagem de que não os valoriza. Mas quando você os ouve, comunica que os respeita. Ainda mais, você lhes mostra que se importa. O filósofo e teólogo alemão Paul Tillich comentou: "O primeiro dever do amor é ouvir."

Um erro que as pessoas muitas vezes cometem na comunicação é tentar impressionar o outro. Elas tentam se fazer parecer inteligentes, sagazes ou divertidas. Mas se você quiser se relacionar bem com os outros, tem de estar disposto a se concentrar no que eles têm a oferecer. Seja *impressionado e interessado*, e não *impressionante e interessante*. O poeta e filósofo Ralph Waldo Emerson reconheceu: "Todo homem que encontro é, de alguma forma, superior a mim, e eu posso aprender com ele." Lembre-se disso e aprenda, e as linhas da comunicação vão realmente se abrir.

Ouvir constrói relacionamentos

Dale Carnegie, autor de *How to Win Friends and Influence People* [Como conquistar amigos e influenciar pessoas], advertiu: "Você pode fazer mais amigos em duas semanas tornando-se um bom ouvinte do que em dois anos tentando fazer com que os outros se interessem por você." Carnegie realmente tinha o dom de entender de relacionamentos. Ele reconheceu que as pessoas que são autocentradas e que falam sobre si e suas preocupações o tempo todo raramente desenvolvem relacionamentos profundos com os outros. David Schwartz disse em *The Magic of Thinking Big* [A mágica de pensar grande]: "As grandes pessoas monopolizam o ouvir. As pequenas pessoas monopolizam o falar."

Ao se tornar um bom ouvinte, você consegue se conectar com os outros em mais níveis e desenvolver relacionamentos mais fortes e profundos porque está satisfazendo uma necessidade. O escritor C. Neil Strait salientou que "todo mundo precisa de alguém que sente que realmente o escute". Quando você se torna esse importante ouvinte, você ajuda essa pessoa. E dá um passo significativo para se tornar uma pessoa de influência na vida dela.

Ouvir aumenta o conhecimento

Wilson Mizner disse: "Um bom ouvinte não só é popular em todo lugar, mas depois de um tempo ele sabe alguma coisa." É incrível o quanto você pode aprender sobre seus amigos, sua família, seu emprego, a empresa onde você trabalha e sobre si mesmo quando decide realmente ouvir os outros. Mas nem todo mundo entende esse benefício. Por exemplo, ouvimos uma história sobre um jogador profissional de tênis que estava dando uma aula para um novo aluno. Depois de observar o iniciante dar várias raquetadas na bola, o profissional sugeriu a ele maneiras de melhorar seu jogo. Mas cada vez que ele o fazia, o aluno o interrompia e dava sua opinião sobre o problema e como ele deveria ser resolvido. Depois de várias interrupções, o profissional começou a concordar com a cabeça.

Quando a aula acabou, uma mulher que observava disse ao profissional:

— Por que você concordou com as sugestões idiotas daquele arrogante?

Você nunca vai saber quão perto está de uma ideia de um milhão de dólares a menos que esteja disposto a ouvir.

O profissional sorriu e respondeu:

— Aprendi há muito tempo que é perda de tempo tentar vender *respostas* verdadeiras para qualquer pessoa que só queira comprar *ecos*.

Cuidado para não se colocar em uma posição em que você acha que sabe todas as respostas. Sempre que o fizer, estará se colocando em perigo. É quase impossível pensar em si mesmo como "o especialista" e continuar a crescer e aprender ao mesmo tempo. Todos os grandes aprendizes são grandes ouvintes.

Um problema comum quando as pessoas ganham mais autoridade é que muitas vezes ouvem os outros cada vez menos, principalmente as pessoas que se reportam a elas. Embora seja verdade que quanto mais você sobe menos se exige que você escute os outros, também é verdade que sua necessidade de ouvir aumenta mais. Quanto mais você se distancia das linhas do *front*, mais você tem de depender dos outros e conseguir informações confiáveis. Você só vai conseguir obter as informações de que precisa para vencer se desenvolver bem e cedo a habilidade de ouvir e continuar a usá-la.

À medida que você segue pela vida e obtém mais sucesso, não perca de vista sua necessidade de seguir crescendo e se aprimorando. E lembre, um ouvido surdo é sinal de uma mente fechada.

Ouvir gera ideias

Ideias novas e revolucionárias nos ajudam a encontrar novas maneiras de resolver antigos problemas, gerar novos produtos e processos para manter nossas empresas crescendo, e continuar a crescer e se aprimorar pessoalmente. Plutarco, da Grécia antiga, afirmou: "Saiba como ouvir, e você se beneficiará até mesmo daqueles que falam mal."

Quando pensamos em empresas inovadoras que nunca parecem ficar sem ideias, a 3M imediatamente vem à mente. Essa empresa parece desenvolver novos produtos mais rápido que qualquer outro fabricante. A organização tem a reputação de ser aberta às ideias dos empregados e de ouvir seus clientes. Na verdade, um representante da 3M disse que o recurso número um para ideias de produtos são as queixas dos clientes.

Boas empresas têm a reputação de ouvir seus funcionários. Os restaurantes Chili's, uma das cadeias do ramo alimentício mais bem administradas dos EUA de acordo com a revista *Restaurants and Institutions* [Restaurantes e instituições], é conhecida por essa qualidade também. Quase oitenta por cento de seu menu vem de sugestões feitas por gerentes de filiais.

O que é bom para empresas eficazes é bom para indivíduos. Quando você consistentemente ouve as pessoas, nunca fica sem ideias. As pessoas adoram contribuir, principalmente quando seu líder compartilha o crédito com elas. Se você der a elas oportunidades para compartilhar suas ideias, e ouvir com uma mente aberta, sempre haverá o fluxo de novas ideias. E mesmo se você ouvir ideias que não funcionem, simplesmente ouvi-las pode acender a faísca para outras ideias criativas em você e nos outros. Você nunca vai saber quão perto está de uma ideia de um milhão de dólares a menos que esteja disposto a ouvir.

Ouvir constrói lealdade

Uma coisa engraçada acontece quando você não pratica o hábito de ouvir as pessoas. Elas encontram outros que as ouvirão. Sempre que empregados, cônjuges, colegas, filhos ou amigos não mais acreditam que estão sendo ouvidos, buscam pessoas que lhes darão o que querem. Às vezes, as consequências podem ser desastrosas: o fim de uma amizade, a falta de autoridade no trabalho, a influência paterna diminuída ou o rompimento de um casamento.

Ninguém nunca perdeu uma venda por ouvir.

Por outro lado, praticar boas habilidades de ouvinte atrai as pessoas a você. Karl Menninger, psiquiatra, escritor e um dos fundadores da *Menninger Foundation* [Fundação Menninger], disse: "Os amigos que nos ouvem são aqueles dos quais queremos nos aproximar, e queremos nos sentar à volta deles." Todo mundo adora um bom ouvinte e é atraído a ele. E se você consistentemente ouvir as pessoas, valorizando-as e ao que elas têm a oferecer, elas provavelmente desenvolverão uma forte lealdade a você, mesmo quando sua autoridade com eles for informal ou não oficial.

Ouvir é uma excelente maneira de ajudar aos outros e a você

Roger G. Imhoff disse: "Deixe que as pessoas confidenciem a você. Pode não ajudá-lo, mas certamente as ajudará." À primeira vista, ouvir as pessoas pode parecer beneficiar apenas a elas. Mas quando você se torna um bom ouvinte, se coloca em uma posição de se ajudar também. Você tem a capacidade de desenvolver fortes relacionamentos, reunir informações valiosas e aumentar sua compreensão acerca de você e dos outros.

BARREIRAS COMUNS AO OUVIR

Poucas pessoas atingiram seu potencial no que diz respeito a ouvir. Se você não é tão bom ouvinte quanto gostaria, então a primeira coisa a fazer para melhorar sua capacidade é estar ciente de barreiras comuns ao ouvir.

Supervalorizar o falar

Um humorista uma vez descreveu o ouvir como sendo "composto pelas rudes interrupções entre minhas exclamações". A atitude de muitas pessoas em relação a ouvir concorda com essa afirmação mais do que gostariam de admitir. Por exemplo, se você perguntasse a seis pessoas como elas poderiam melhorar suas habilidades de comunicação, a maioria delas descreveria a necessidade de se tornar mais persuasiva ou aprimorar suas habilidades para falar em público. Poucos citariam um desejo de ouvir melhor.

A maioria das pessoas supervaloriza o falar e subvaloriza o ouvir, mesmo aqueles em empregos em que se relacionam com pessoas, como em vendas. Mas a verdade é que a comunicação eficaz não é persuasão. É ouvir. Pense nisto: Ninguém nunca perdeu uma venda por *ouvir*.

Bons comunicadores sabem monitorar sua relação falar/ouvir. O presidente Abraham Lincoln, considerado um dos líderes e comunicadores mais eficazes na história dos EUA, disse: "Quando estou me preparando para argumentar com um homem, gasto um terço do meu tempo pensando em mim e no que vou dizer — e dois terços pensando nele e no que ele vai dizer." Está aí uma boa relação para se manter. Ouça duas vezes mais do que fala.

Perda de foco

Para algumas pessoas, principalmente aquelas com muita energia, pisar no freio para realmente ouvir pode ser um desafio. A maioria das pessoas tende a falar cerca de cento e oitenta palavras por minuto, mas podem ouvir de trezentas a quinhentas palavras por minuto. Essa disparidade pode criar tensão e fazer com que um ouvinte perca o foco. A maioria das pessoas tenta preencher esse vazio procurando outras coisas para fazer, como sonhar acordado, pensar em sua rotina diária ou mentalmente rever sua lista de afazeres; ou observar outras pessoas. É parecido com o que fazemos quando dirigimos um carro. Raramente prestamos atenção só à rua à frente sem fazer mais nada. Geralmente olhamos para o cenário, comemos e bebemos, ou ouvimos rádio.

Se você quiser se tornar um ouvinte melhor, no entanto, precisa aprender a direcionar essa energia e atenção de forma positiva, se concentrando na pessoa com quem está. Observe a linguagem corporal. Observe mudanças na expressão facial. Olhe nos olhos da pessoa. O especialista em gerenciamento Peter Drucker comentou: "A coisa mais importante na comunicação é ouvir o que não está sendo dito." Se você gastar sua energia observando a outra pessoa de perto e interpretando o que ela diz, suas habilidades de ouvinte vão melhorar drasticamente.

Fadiga mental

O ex-presidente Ronald Reagan contou uma história engraçada sobre dois psiquiatras, um mais velho e um mais novo. Todos os dias eles chegavam ao trabalho imaculadamente vestidos e alertas. Mas ao fim do dia, o mais novo estava um frangalho enquanto o mais velho estava inteirinho.

— Como você consegue? — o psiquiatra mais jovem finalmente perguntou a seu colega — Você sempre fica tão inteiro depois de receber pacientes o dia todo.

O médico mais velho respondeu:

— É fácil. Eu nunca escuto.[1]

Sempre que você ouvir as pessoas por longos períodos de tempo, o efeito pode ser exaustivo. Mas qualquer tipo de fadiga mental pode afetar negativamente sua habilidade de ouvir.

Ouvimos uma história sobre uma senhora de oitenta e nove anos com problemas auditivos. Ela visitou seu médico, e depois de examiná-la, ele disse:

— Agora temos um procedimento que pode corrigir seu problema auditivo. Para quando a senhora gostaria de agendar a operação?

— Não vai haver operação porque eu não quero que minha audição seja corrigida — disse a senhora. — Estou com oitenta e nove anos, e já ouvi o bastante!

Se você estiver cansado ou enfrentando circunstâncias difíceis, lembre-se de que para continuar a ser um ouvinte eficaz, você tem de buscar mais energia, se concentrar e permanecer focado.

Estereótipos

Estereotipar os outros pode ser uma barreira imensa para ouvir. Tende a nos fazer ouvir o que esperamos em vez de o que a pessoa diz de fato. A maior parte de nós pode achar que não caímos nessa armadilha, mas todos o fazemos até certo ponto. Leia a seguinte lista bem-humorada extraída do texto *Things I'd Like to Hear — But Won't* [Coisas que eu gostaria de ouvir — mas não ouvirei] de David Grimes. Se você nunca espera ouvir uma destas coisas das pessoas listadas, então você pode ser culpado de estereotipar:

Do meu mecânico de automóveis:
"Essa parte é muito menos cara do que eu pensava."
"Você poderia conseguir esse serviço mais barato na oficina ali no fim da rua."
"Era só um fio solto. Nem vou cobrar."

De um atendente de loja:
"O sistema está fora do ar. Vou então somar suas compras com papel e lápis."
"Vou fazer uma pausa depois que terminar de atender esses clientes."
"Sinto muito que tenhamos lhe vendido um produto com defeito. Nós vamos buscá-lo na sua casa e lhe entregar um novo ou reembolsá-lo, o que você preferir."

De um empreiteiro:
"A pessoa que trabalhou nisso antes certamente sabia o que estava fazendo."
"Acho que fiz uma estimativa de preço um pouco alta."

Do dentista:

"Acho que você está usando fio dental demais."

"Não vou lhe fazer nenhuma pergunta até tirar a sonda da sua boca."

De um garçom:

"Acho que é atrevido para um garçom dizer seu nome, mas já que você pergunta, é Tim."

"Eu fui lento e sem atenção. Não posso aceitar nenhuma gorjeta."[2]

Essas frases são inteligentes. E também são um lembrete de que não é boa ideia estereotipar as pessoas. Sempre que você tratar as pessoas estritamente como membros de um grupo em vez de como indivíduos, pode entrar em apuros. Então tome cuidado. Se ao conversar com as pessoas e se descobrir pensando nelas como *nerds* de computador, típicos adolescentes, loiras excêntricas ou representantes de algum outro grupo em vez de como indivíduos, cuidado. Você pode não estar ouvindo de verdade o que elas têm a dizer.

Carregar bagagem emocional

Quase todo mundo tem filtros emocionais que lhe impedem de ouvir certas coisas que as pessoas dizem. Suas experiências passadas, tanto positivas quanto negativas, colorem a maneira como você enxerga a vida e molda suas expectativas. E particularmente experiências fortes, como traumas ou incidentes da infância, podem fazer com que você tenda a reagir de forma exacerbada quando perceber que está em uma situação semelhante. Como Mark Twain uma vez disse: "Um gato que se senta em um fogão quente nunca mais se sentará em um fogão quente de novo. Ele nunca mais se sentará em um fogão frio também. Dali em diante, esse gato simplesmente não gostará de fogões."

Se você nunca superou fortes experiências emocionais do passado, pode estar filtrando o que os outros dizem por meio dessas experiências. Se você se preocupa com certos assuntos, se um assunto em particular o deixa na defensiva, ou se você frequentemente projeta seu ponto de vista sobre os outros, pode ser que você precise superar suas questões para que possa se tornar um líder eficaz.

Sigmund Freud disse: "Um homem com dor de dente não pode se apaixonar", querendo dizer que a dor de dente não permite que ele perceba nada além de sua dor. De forma similar, sempre que uma pessoa tiver uma mágoa interior, as palavras dos outros são abafadas pelo som da mágoa.

Estar preocupado consigo mesmo

Provavelmente a barreira mais terrível para ouvir é a preocupação consigo mesmo. Muitos anos atrás vimos uma esquete de televisão que ilustra essa ideia muito bem. Um marido estava vendo televisão e sua mulher estava tentando conversar com ele:

MULHER: Querido, o encanador não chegou a tempo de consertar a goteira perto do aquecedor de água hoje.
MARIDO: Hum-hum.
MULHER: Então o cano estourou e alagou o porão.
MARIDO: Quieta. Estão quase fazendo um gol.
MULHER: Parte da fiação ficou molhada e quase eletrocutou Fofinho.
MARIDO: Ah, não, eles têm um homem livre. Droga! Gol!.
MULHER: O veterinário diz que ele ficará melhor em uma semana.
MARIDO: Você pode me trazer algo para comer?

MULHER: O encanador finalmente chegou e disse que estava feliz por nosso encanamento ter estourado, porque agora ele pode sair de férias.

MARIDO: Você não está *escutando*? Eu disse que estou com fome!

MULHER: E, Stanley, estou indo embora. O encanador e eu pegaremos o avião para Acapulco de manhã.

MARIDO: Você não pode parar com toda essa falação e me trazer algo para comer? O problema aqui é que ninguém nunca me escuta.

Se você não se importa com ninguém além de você, você não vai ouvir as pessoas. Mas o que é irônico é que, quando você não escuta, o dano que você causa a si mesmo é, em última análise, ainda maior do que o que você causa às outras pessoas.

COMO DESENVOLVER HABILIDADES DE OUVINTE

De acordo com Brian Adams, autor de *Sales Cybernetics* [Cibernética de vendas], durante um dia comum, passamos a maior parte do dia ouvindo. Ele oferece as seguintes estatísticas:

9% do dia é gasto escrevendo
16% do dia é gasto lendo
30% do dia é gasto falando
45% do dia é gasto ouvindo[3]

Então você provavelmente concorda que ouvir é importante. Mas o que significa ouvir? Ouvimos uma história sobre uma aula de apreciação de música na escola que fornece uma resposta significativa para essa questão. O professor da turma pediu que um voluntário explicasse a diferença entre ouvir e escutar. Inicialmente ninguém queria responder, mas finalmente um aluno levantou a mão. Quando o professor o chamou, ele disse: "Ouvir é *querer* escutar."

Essa resposta é um grande começo. Para se tornar um bom ouvinte, você tem de querer escutar. Mas você também precisa de algumas habilidades para ajudá-lo. Aqui vão nove sugestões para ajudá-lo a se tornar um ouvinte melhor:

1. Olhe para o seu interlocutor

O processo todo começa com você dando à outra pessoa sua atenção total. Ao interagir com alguém, não adiante seu trabalho, mexa com papéis, lave a louça ou assista à televisão. Reserve esse tempo para se concentrar apenas na pessoa. E se não tiver tempo nesse momento, então agende para o mais rápido possível.

2. Não interrompa

A maioria das pessoas reage mal ao ser interrompida. Faz com que se sintam desrespeitadas. E, de acordo com Robert L. Montgomery, autor de *Listening Made Easy* [Simplificando o ouvir]: "É tão rude pisar nas ideias das pessoas quanto em seus pés."

As pessoas que tendem a interromper os outros geralmente o fazem por um destes motivos:

- Não dão valor suficiente ao que a pessoa tem a dizer.
- Querem impressionar os outros mostrando como são inteligentes ou intuitivos.
- Estão ansiosas demais com a conversa para deixar que a pessoa termine de falar.

Se você tem o hábito de interromper as pessoas, examine seus motivos e determine-se a mudar. Dê às pessoas o tempo de que precisarem para se expressar. E não sinta que um de vocês tem de estar falando o tempo todo. Períodos de silêncio dão a vocês uma chance para refletir sobre o que foi dito para que possam reagir de acordo.

3. Concentre-se na compreensão

Você já reparou como a maioria das pessoas esquece rapidamente as coisas que ouvem? Estudos em instituições como Michigan State, Ohio State, Florida State, e Universidade de Minnesota indicam que a maioria das pessoas pode se lembrar apenas de cinquenta por cento do que escutam imediatamente após escutarem. E, com o passar do tempo, sua habilidade de recordar continua a cair. No dia seguinte, sua retenção geralmente caiu para cerca de 25%.

Uma maneira de combater essa tendência é tornar seu objetivo entender em vez de simplesmente se lembrar de fatos. O advogado, palestrante e escritor Herb Cohen enfatizou: "O ouvir eficaz requer mais do que ouvir as palavras transmitidas. Exige que você encontre significado e compreenda o que está sendo dito. Afinal, os significados não estão nas palavras, mas nas pessoas."

Para aumentar a compreensão dos outros ao ouvi-los, siga estas orientações oferecidas por Eric Allenbaugh:

1. Ouça com uma ligação cabeça-coração.
2. Ouça com o intuito de compreender.
3. Ouça procurando a mensagem e a mensagem por trás da mensagem.
4. Ouça buscando conteúdo e sentimentos.
5. Ouça com seus olhos — seu ouvir vai melhorar.
6. Ouça de acordo com o interesse dos outros, não só com a posição deles.
7. Ouça o que estão dizendo e o que não estão.
8. Ouça com empatia e aceitação.

9. Ouça buscando as áreas em que eles estão com medo e machucados.
10. Ouça como você gostaria de ser ouvido.[4]

Ao aprender a se colocar no lugar da outra pessoa, sua habilidade de compreender vai aumentar. E quanto maior sua habilidade de entender, melhor ouvinte você se tornará.

4. Determine a necessidade no momento

A habilidade de discernir a necessidade da pessoa no momento é parte de se tornar um ouvinte eficaz. As pessoas falam por muitas razões: para receber conforto, para desabafar, para convencer, para informar, para serem compreendidas ou para aliviar o nervosismo. Muitas vezes as pessoas falam com você por razões que não se ajustam às suas expectativas.

Muitos homens e mulheres estão em conflito porque ocasionalmente se colocam em mal-entendidos. Deixam de determinar a necessidade da outra pessoa no momento de interação. Os homens geralmente querem consertar problemas que discutem; sua necessidade é a resolução. As mulheres, por outro lado, são mais propensas a falar sobre um problema simplesmente para compartilhá-lo; muitas vezes não pedem nem desejam soluções. Sempre que você puder determinar a necessidade atual da pessoa com quem está se comunicando, poderá botar o que elas disserem no contexto apropriado. E conseguirá entendê-las melhor.

5. Verifique suas emoções

Conforme já mencionamos, a maioria das pessoas carrega uma bagagem emocional que lhes faz reagir a certas pessoas ou situações. Sempre que você ficar muito emocionado ao ouvir uma pessoa, verifique suas emoções — principalmente se sua reação parecer mais forte do que a situação pede. Você não quer fazer de uma pessoa totalmente alheia a isso o receptor de seu desabafo. Além do mais, mesmo se suas reações não forem efeito de um evento do seu passado, você sempre deve deixar que os outros terminem de explicar seus pontos de vista, suas ideias ou suas convicções antes de oferecer as suas.

6. Suspenda seu julgamento

Você já começou a ouvir uma pessoa contar uma história e começou a responder antes que ela tivesse terminado? Quase todo mundo já fez isso. Mas a verdade é que não se pode tirar conclusões precipitadas e ser um bom ouvinte ao mesmo tempo. Ao conversar com as pessoas, espere até ouvir a história completa antes de responder. Se não o fizer, pode acabar perdendo a coisa mais importante que elas pretendem dizer.

7. Recapitule nos intervalos maiores

Especialistas concordam que o ouvir é mais eficaz quando é ativo. John H. Melchinger sugere: "Comente sobre o que ouviu, e individualize seus comentários. Por exemplo, você pode dizer 'Cheryl, isso obviamente é muito importante para você'. Isso o ajudará a manter o foco como ouvinte. Vá além: 'Isso é interessante'. Se você se treinar para comentar com significado, o interlocutor saberá que você está ouvindo e pode oferecer mais informações."

Uma técnica para o ouvir ativo é recapitular o que a pessoa diz nos intervalos maiores. À medida que o interlocutor termina um assunto, parafraseie pontos ou ideias principais antes de seguir adiante para o próximo, e certifique-se de que entendeu a mensagem corretamente. Fazer isso dá segurança à pessoa e o ajuda a se manter concentrado no que ela está tentando comunicar.

8. Faça perguntas para esclarecer

Você já percebeu que os melhores repórteres são excelentes ouvintes? Escolha alguém como Barbara Walters, por exemplo. Ela olha para o interlocutor, concentra-se em entender, suspende o julgamento e recapitula o que a pessoa tem a dizer. As pessoas confiam nela e parecem estar dispostas a lhe dizer praticamente tudo. Mas ela pratica outra habilidade que a ajuda a obter mais informações e aumentar sua compreensão da pessoa que está entrevistando. Ela faz boas perguntas.

Se você quiser se tornar um ouvinte eficaz, torne-se um bom repórter — não um que bota o microfone na cara da pessoa e a enche de perguntas, mas alguém que gentilmente faz perguntas para confirmar e busca esclarecimento. Se você mostrar às pessoas quanto você se importa e fizer as perguntas de uma forma não ameaçadora, ficará surpreso com quanto elas lhe contarão.

9. Faça sempre com que ouvir seja sua prioridade

A última coisa a lembrar quando desenvolver suas habilidades de ouvinte é de tornar o ouvir uma prioridade, não importa quão ocupado você fique ou quão alto você subiu em uma organização. Um exemplo memorável de um executivo ocupado que criou tempo para ouvir foi do falecido Sam Walton, fundador da Wal-Mart e um dos homens mais ricos dos EUA. Ele acreditava em ouvir o que as pessoas tinham a dizer, principalmente seus empregados. Certa vez, ele voou em seu avião até Mt. Pleasant, Texas, aterrissou e deu instruções a seu copiloto que o encontrasse cerca de cento e sessenta quilômetros estrada abaixo. Então ele foi em um caminhão da Wal-Mart até o fim do caminho só para poder conversar com o motorista. Deveríamos todos dar ao ouvir esse tipo de prioridade.

Liderar é influenciar

> *Se você mostrar às pessoas quanto você se importa e fizer as perguntas de uma forma não ameaçadora, ficará surpreso com quanto elas lhe contarão.*

Muitas pessoas dão pouca importância à habilidade de ouvir. A maioria delas considera ouvir fácil, e se veem como muito bons ouvintes. Mas embora seja verdade que a maioria das pessoas possa escutar, pouquíssimas podem realmente ouvir.

Em nossas carreiras, já falamos bastante. Falamos a milhares de pessoas todos os anos. A esposa de Jim, Nancy, fala bastante — e acredite em nós, ela fala muito bem! Mas ela também é uma ouvinte maravilhosa, e às vezes, quando ela fala, é sobre a comunicação e a importância de ouvir. Pouco tempo atrás ela proferiu uma palestra sobre ouvir que enfatizou dar às pessoas o benefício da dúvida e tentar ver as coisas de seu ponto de vista.

Na plateia naquele dia estava um homem chamado Rodney. Embora ele fosse casado e feliz e tivesse um filho pequeno, já havia sido casado e tinha duas filhas com sua primeira mulher. E estava tendo problemas com ela. Ela constantemente ligava para ele e pedia mais dinheiro para ela e para as duas meninas. Eles discutiam muito, e ela estava deixando-o tão enlouquecido que ele já tinha contratado um advogado e estava se preparando para processá-la.

Mas quando Rodney ouviu Nancy falar sobre ouvir naquele dia, ele percebeu como tinha sido insensível com sua ex-mulher Charlotte. Uns dois dias depois, ele ligou para ela e perguntou se eles podiam se encontrar. Ela achou isso suspeito e até mesmo pediu a seu advogado que ligasse para ele a fim de descobrir o que ele estava tramando. Mas Rodney os convenceu de que só queria conversar, e finalmente Charlotte concordou em vê-lo.

Encontraram-se em um café, e Rodney disse:

— Charlotte, eu quero ouvi-la. Diga-me como está sua vida. Eu me importo, sim, com você e com as crianças.

— Eu não achava que você se importava nem um pouco com as meninas — disse ela, começando a chorar.

— Eu me importo — ele disse. — Sinto muito. Eu só estava pensando em mim mesmo e não em você. Perdoe-me, por favor.

— Por que você está fazendo isso? — perguntou ela.

— Porque eu quero acertar as coisas — respondeu ele. — Estou zangado há tanto tempo que não estava enxergando direito. Agora, me diga como estão as coisas para você e para as meninas.

Por algum tempo, Charlotte só conseguia soluçar. Mas depois ela começou a contar a ele sobre suas dificuldades como mãe solteira e como ela estava fazendo seu melhor para criar as meninas, mas que não parecia o bastante. Conversaram por horas e, ao conversarem, o começo de um novo alicerce de respeito mútuo se formava. Com o tempo, eles acreditam que poderão se tornar amigos novamente.

Rodney provavelmente não está sozinho. Você consegue pensar em pessoas que você não vem ouvindo ultimamente? E o que você vai fazer a respeito? Nunca é tarde demais para se tornar um bom ouvinte. Pode mudar sua vida — e a vida das pessoas à sua volta.

Checklist da influência
Ouvir as pessoas

- **Meça suas habilidades de ouvinte.** Peça a alguém que o conhece bem para que use as seguintes perguntas a fim de avaliar suas habilidades de ouvinte de acordo com as nove qualidades de um bom ouvir discutidas neste capítulo. Peça que essa pessoa explique quaisquer respostas negativas. E não interrompa ou se defenda ao receber a explicação.

1. Eu geralmente olho para o interlocutor enquanto ele está falando?
2. Eu espero que o interlocutor termine de falar antes de responder?
3. Eu faço da compreensão meu objetivo?
4. Eu geralmente sou sensível à necessidade imediata do interlocutor?
5. Eu fiz de verificar minhas emoções uma prática?
6. Eu suspendo meu julgamento regularmente até ouvir a história completa?
7. Eu tenho a prática de recapitular o que o interlocutor diz nos intervalos maiores?
8. Eu faço perguntas para esclarecer quando necessário?
9. Eu comunico aos outros que ouvir é uma prioridade?

- **Estratégia para melhoria.** Com base nas respostas recebidas, liste três maneiras como você poderia melhorar suas habilidades de ouvinte:

1._____

2._____

3._____

Comprometa-se a fazer essas melhorias durante as próximas semanas.

Agende uma ocasião para ouvir. Marque um compromisso com a pessoa mais importante em sua vida esta semana, e planeje passar uma hora juntos só se comunicando. Dê a essa pessoa sua total atenção, e passe ao menos dois terços do tempo só ouvindo essa pessoa.

Capítulo 5

Uma pessoa de influência...

Entende as pessoas

Multiplicar

Orientar

Motivar— *Entender*

Modelar

Outro dia, no jantar, nós dois estávamos conversando e começamos a explorar algumas questões. Como uma pessoa constrói uma organização? O que é necessário? Qual é a chave para ser bem-sucedido? Por exemplo, o que foi necessário para uma pessoa como Jim construir uma empresa que é ativa em vinte e seis países e impacta a vida de centenas de milhares de pessoas? Ou, no caso de John, o que foi necessário para triplicar o tamanho de sua igreja — tornando-a a maior em sua denominação — e, no processo, aumentar seu orçamento de 800 mil dólares para mais de 5 milhões, e aumentar o envolvimento ativo de voluntários de apenas 112 para mais de 1.800 pessoas?

Não importa se seu negócio é criar programas de computador, vender livros, servir comida em um restaurante, construir casas ou projetar aviões. A chave para o sucesso é entender as pessoas. Jim diz:

Eu não sou como John. Não cresci com uma orientação a pessoas. Ele fez cursos na Dale Carnegie enquanto ainda estava no Ensino Médio e foi para a faculdade sabendo que iria para um emprego com pessoas. Eu fui para a Universidade Purdue e estudei engenharia aeronáutica. Quando terminei minha graduação, pensei que houvesse duas chaves para o sucesso em qualquer emprego: trabalho duro e conhecimentos técnicos. Nunca nem me passou pela cabeça que habilidades com pessoas tivessem algum valor.

Entrei no meu primeiro emprego pronto para trabalhar e carregado de conhecimentos técnicos. A Purdue tinha me dado uma educação de primeiríssimo nível, e eu tinha sempre acreditado em trabalho duro. Mas não demorou muito para que eu percebesse que o sucesso nos negócios significa a habilidade de trabalhar com pessoas. Na verdade, tudo na vida é lidar com pessoas. Descobri que isso era verdade não só profissionalmente, como engenheiro, consultor e empreendedor; mas em todos os aspectos da vida, quer eu estivesse interagindo com minha família, trabalhando com um dos professores dos meus filhos ou socializando com os amigos. Se você não consegue entender as pessoas e trabalha com elas, não conseguirá nada. E certamente não poderá se tornar uma pessoa de influência.

ENTENDER PESSOAS PAGA GRANDES DIVIDENDOS

Em *Climbing the Executive Ladder* [Subindo a escada executiva], os autores Kienzle e Dare disseram: "Poucas coisas lhe pagarão dividendos maiores do que o tempo e o trabalho que você investe em entender as pessoas. Quase nada agregará mais à sua estatura como executivo e como pessoa. Nada lhe dará maior satisfação ou lhe trará mais felicidade."

Quando entendemos o ponto de vista do próximo — entendemos o que ele está tentando fazer nove entre dez vezes ele está tentando fazer o que é certo.
— Harry Truman

A habilidade de entender as pessoas é um dos maiores dons que alguém pode ter. Tem o potencial de impactar positivamente todas as áreas de sua vida, não só a arena dos negócios. Por exemplo, veja como entender pessoas ajudou essa mãe de uma criança na pré-escola. Ela disse:

Deixando meu filho de quatro anos dentro de casa, corri para fora para jogar alguma coisa no lixo. Quando tentei abrir a porta para voltar lá para dentro, estava trancada. Eu sabia que insistir que meu filho abrisse a porta teria resultado em uma batalha de uma hora. Então, com uma voz triste, eu disse:"Oh, que pena. Você se trancou dentro de casa." A porta abriu imediatamente.

Entender pessoas certamente impacta sua habilidade de se comunicar com os outros. David Burns, médico e professor de psiquiatria na Universidade de Pensilvânia, observou: "O maior erro que você pode cometer ao tentar convencer alguém é ter como prioridade expressar suas ideias e seus sentimentos. O que a maioria das pessoas realmente quer é ser ouvida, respeitada e compreendida. No momento em que as pessoas veem que estão sendo compreendidas, tornam-se mais motivadas para entender seu ponto de vista." Se você puder aprender a entender as pessoas — como elas pensam, o que sentem, o que as inspira, como é possível que ajam e reajam em dada situação — aí você pode motivá-las e influenciá-las de uma forma positiva.

POR QUE AS PESSOAS NÃO CONSEGUEM ENTENDER AS OUTRAS?

A falta de compreensão em relação aos outros é uma fonte recorrente de tensão em nossa sociedade. Certa vez, ouvimos um advogado falar: "Metade das controvérsias e dos conflitos que surgem entre as pessoas são causados não por diferenças de opinião ou incapacidade de concordarem, mas por sua falta de compreensão uns com os outros." Se pudéssemos reduzir o número de mal-entendidos, os tribunais não estariam tão cheios, haveria menos crimes violentos, a taxa de divórcios diminuiria e a quantidade de estresse diário que a maioria das pessoas vivencia cairia drasticamente.

Se a compreensão é um dom tão precioso, por que mais pessoas não o praticam? Há muitas razões.

Medo

O colono norte-americano do século XVII William Penn advertiu: "Não despreze nem se oponha ao que você não compreende"; no entanto, muitas pessoas parecem fazer exatamente o contrário. Quando não entendem os outros, muitas vezes reagem com medo. E uma vez que comecem a temer os outros, raramente tentam sobrepor seu medo para aprenderem mais sobre eles. Torna-se um ciclo vicioso.

Infelizmente, o medo é evidente no local de trabalho no que diz respeito às reações dos empregados em relação a seus líderes. Trabalhadores temem seus gerentes. Gerentes são intimidados por gerentes mais graduados. Ambos os grupos às vezes temem os executivos. Toda situação causa uma suspeita indevida, falta de comunicação e produtividade reduzida. Por exemplo, de acordo com o Dr. M. Michael Markowich, vice-presidente de recursos humanos da United Hospitals, Inc., os empregados relutam para sugerir ideias. Aqui vão algumas razões:

- Eles pensam que suas ideias serão rejeitadas.
- Sentem que seus colegas não gostarão das ideias.
- Pensam que não vão ganhar crédito se as ideias funcionarem.
- Têm medo que o chefe se sinta ameaçado pelas ideias.
- Não querem ficar rotulados como causadores de problemas.
- Têm medo de perder seus empregos se sugerirem ideias que não funcionem.[1]

O ponto comum em todas essas razões é o medo. No entanto, em um ambiente de trabalho saudável, se você der às pessoas o benefício da dúvida e substituir o medo pela compreensão, todo mundo pode trabalhar junto de forma positiva. Tudo que as pessoas têm de fazer é seguir o conselho do Presidente Harry Truman, que disse: "Quando entendemos o ponto de vista do próximo — entendemos o que ele está tentando fazer — nove entre dez vezes ele está tentando fazer o que é certo."

Egoísmo

Quando o medo não é um obstáculo à compreensão, normalmente o egoísmo o é. Alguém comentou: "Há dois lados para todas as questões — desde que isso não interfira em nós pessoalmente." É assim que muita gente pensa. Ninguém é egoísta de propósito: está apenas na natureza das pessoas pensar primeiro em seus interesses. Se você quiser ver um exemplo disso, brinque com uma criança de dois anos. Ela naturalmente escolhe os melhores brinquedos para si e insiste nas coisas do jeito dela.

Uma maneira de superar nosso egoísmo natural é tentar ver as coisas pela perspectiva das outras pessoas. Conversando com um grupo de vendedores, Art Mortell compartilhou esta experiência: "Sempre que estou perdendo no xadrez, eu consistentemente me levanto e fico atrás do meu oponente e vejo o tabuleiro do lado dele. Aí eu começo a descobrir as jogadas idiotas que fiz porque posso ver pelo ponto de vista dele. O desafio do vendedor é ver o mundo pelo ponto de vista do potencial cliente."[2]

Esse é o desafio para todos nós, não importa qual seja nossa profissão. Há uma citação que John arquivou anos atrás chamada "Um Curso Relâmpago em Relações Humanas". Você pode tê-la ouvido porque está aí há algum tempo. Mas ela lembra quais devem ser nossas prioridades quando estivermos lidando com pessoas:

A palavra menos importante: Eu
A palavra mais importante: Nós
As duas palavras mais importantes: Muito obrigado.
As três palavras mais importantes: Tudo está perdoado.
As quatro palavras mais importantes: Qual é sua opinião?
As cinco palavras mais importantes: Você fez um excelente trabalho.
As seis palavras mais importantes: Eu quero tentar entender você melhor.

Mudar sua atitude do egoísmo para a compreensão requer vontade e compromisso de sempre tentar ver as coisas do ponto de vista da outra pessoa.

Incapacidade de apreciar as diferenças

O próximo passo lógico depois de deixar para trás o egoísmo é aprender a reconhecer e respeitar as qualidades únicas de todo mundo. Em vez de tentar engessar todos à sua imagem, aprenda a apreciar suas diferenças. Se uma pessoa tem um talento que você não tem, ótimo. Vocês dois podem fortalecer os pontos fracos um do outro. Se os outros vêm de uma cultura diferente, amplie seus horizontes e aprenda o que puder deles. Seu novo conhecimento vai ajudá-lo a se identificar não só com eles, mas também com outras pessoas. E comemore as diferenças entre as pessoas no temperamento. A variedade produz uma dinâmica interessante entre as pessoas. Por exemplo, John tem um temperamento colérico-sanguíneo, o que significa que ele adora se divertir e gosta de tomar decisões em um piscar de olhos. Por outro lado, Jim é calmo e meditativo. Adora pensar e processar informações, e quando precisa tomar decisões, reúne o máximo possível de informações para fazer escolhas sábias. Separados, estamos bem. Mas somos ainda mais eficazes quando estamos juntos.

Uma vez que você aprenda a apreciar as diferenças entre as pessoas, percebe que há muitas respostas para a liderança e a motivação. Joseph Beck, presidente da Kenley Corporation, reconheceu essa verdade quando disse que uma pessoa de influência "deve perceber que pessoas diferentes são motivadas de formas diferentes. Um bom técnico de basquete, por exemplo, sabe quando um jogador precisa de encorajamento para se superar e quando um jogador precisa de um 'puxão de orelha'. A principal diferença é que todos os jogadores precisam de encorajamento e só alguns poucos precisam de um 'puxão de orelha'."

Incapacidade de reconhecer semelhanças

Ao aprender mais sobre pessoas e conhecer bem os outros, você logo começa a perceber que as pessoas têm muito em comum. Todos temos esperanças e medos, alegrias e tristezas, vitórias e problemas. Provavelmente a época em que as pessoas são menos propensas a reconhecer o que têm em comum com os outros é durante a adolescência. Encontramos uma história que ilustra isso:

> *Uma adolescente estava falando com seu pai sobre todos os seus problemas. Ela falou sobre a terrível pressão que enfrentava, sobre conflitos com amigos e dificuldades com o trabalho de escola e os professores. Em uma tentativa de ajudá-la a pôr tudo em perspectiva, ele lhe disse que a vida não era tão sombria quanto podia parecer e, na verdade, muito de sua preocupação era talvez desnecessária.*
>
> *"É fácil para você falar, papai", retrucou ela. "Você já superou todos os seus problemas."*

Todas as pessoas têm uma reação emocional ao que está acontecendo à sua volta. Para fomentar a compreensão, pense em quais seriam suas emoções se você estivesse na mesma posição que a pessoa com quem você está interagindo. Você sabe o que você gostaria que acontecesse em dada situação. É possível que a pessoa com quem você está trabalhando tenha muitos dos mesmos sentimentos.

Encontramos um exemplo maravilhoso de uma pessoa que entende essa abordagem. Uma loja de doces vendia seus chocolates exóticos apenas a peso. Na loja havia uma vendedora em particular que sempre tinha clientes formando fila enquanto as outras vendedoras ficavam sem nada para fazer. O dono da loja notou como os clientes corriam para ela e finalmente perguntou qual era o segredo.

"É fácil", disse ela. "As outras meninas botam mais de meio quilo de chocolate e depois começam a tirar. Eu sempre boto menos de meio quilo e depois boto mais. Os clientes sentem que eu estou cuidando deles e dando valor ao seu dinheiro."

Coisas que todo mundo precisa entender sobre as pessoas

Saber do que as pessoas precisam e o que elas querem é a chave para entendê-las. E se você puder entendê-las, você pode influenciá-las e impactar sua vida de uma forma positiva. Se nós fôssemos resumir todas as coisas que sabemos sobre entender pessoas e afunilá-las em uma pequena lista, identificaríamos estas cinco coisas:

1. Todo mundo quer ser alguém

Não existe uma pessoa no mundo que não tem o desejo de ser alguém, de ter significado. Mesmo a pessoa menos ambiciosa e pretensiosa quer ser bem vista pelas outras.

John lembra-se da primeira vez em que esses sentimentos foram muito mexidos dentro dele. Foi quando ele estava no Ensino Fundamental:

> Eu fui ao meu primeiro jogo de basquete quando tinha nove anos. Ainda posso vê-lo em minha mente. Estava com os meus colegas no balcão do ginásio. O que eu me lembro mais não é do jogo; é da apresentação das formações iniciais. Eles apagaram todas as luzes, e então alguns holofotes se acenderam. O apresentador chamava os nomes dos jogadores, e eles corriam para o meio da quadra um a um com todo mundo no ginásio aplaudindo. Eu me pendurei no balcão naquele dia, como qualquer menino do quinto ano, e disse: "Uau, eu gostaria que isso acontecesse comigo." Na verdade, quando as apresentações acabaram, eu olhei para meu amigo Bobby Wilson e disse: "Bobby, quando eu chegar ao Ensino Médio, vão apresentar meu nome, e eu vou correr nos holofotes

para o meio daquela quadra de basquete. E as pessoas vão me aplaudir porque eu vou me tornar alguém." Fui para casa naquela noite e disse ao meu pai: "Eu quero ser jogador de basquete." Logo depois ele me comprou uma bola Spalding, e pusemos uma cesta na garagem. Eu costumava tirar a neve da entrada da garagem para praticar meus tiros livres e jogar basquete, porque eu tinha o sonho de me tornar alguém. É engraçado como esse tipo de sonho pode impactar sua vida. Eu me lembro de que no sétimo ano nós jogamos basquete na minha escola, e nosso time ganhou dois jogos, então fomos para o Old Mill Street Gym, em Circleville, Ohio, onde eu tinha visto aquele jogo de basquete no quinto ano. Quando chegamos lá, em vez de ir para a quadra como o resto dos jogadores enquanto eles se aqueciam, fui direto ao banco onde aqueles jogadores do Ensino Médio tinham estado anos antes. Eu me sentei exatamente onde eles tinham se sentado, e fechei meus olhos (o equivalente a apagar as luzes do ginásio). Então em minha mente eu ouvi meu nome sendo apresentado, e corri para o meio da quadra. A sensação de ouvir aqueles aplausos imaginários foi tão boa que eu pensei: vou fazer de novo! E fiz. Na verdade, eu o fiz três vezes, e de repente eu percebi que meus amigos não estavam jogando basquete; eles estavam só me observando, sem acreditar. Mas eu nem me importei porque estava um passo mais próximo de me tornar a pessoa que eu sonhara em me tornar.

Todo mundo quer ser bem considerado e valorizado pelos outros. Em outras palavras, todo mundo quer ser alguém. Uma vez que essa informação se tornar parte de seu pensamento de todo dia, você ganhará um *insight* incrível sobre por que as pessoas fazem as coisas que fazem. E se você tratar todo mundo que encontrar como se fosse a pessoa mais importante do mundo, você comunicará que ela é alguém — para você.

2. Ninguém se importa com quanto você sabe até saber o quanto você se importa

Para ser uma pessoa de influência, você tem de amar as pessoas antes de tentar liderá-las. No momento em que as pessoas souberem que você cuida delas e se importa com elas, a forma como elas se sentem a respeito de você muda. Mostrar aos outros que você se importa nem sempre é fácil. Seus maiores momentos e memórias mais queridas virão por causa das pessoas, mas os momentos mais difíceis, dolorosos e trágicos também. As pessoas são a sua maior bênção e a maior responsabilidade. O desafio é continuar a se importar com elas não interessando o que pode acontecer. Encontramos algo chamado "Mandamentos Paradoxais da Liderança". Aqui está o que ele diz:

> As pessoas são ilógicas, irracionais e egoístas — ame-as assim mesmo.
> Se você fizer o bem, as pessoas vão acusá-lo de motivos egoístas alheios — faça o bem assim mesmo.
> Se você obtiver sucesso, ganhará falsos amigos e inimigos verdadeiros — obtenha sucesso assim mesmo.
> O bem que você fizer hoje provavelmente será esquecido amanhã — faça o bem assim mesmo.
> A honestidade e a franqueza o deixam vulnerável — seja honesto e franco assim mesmo.
> O maior homem com as maiores ideias pode levar um tiro do menor homem com a menor mente — pense grande assim mesmo.
> As pessoas favorecem os fracos, mas seguem apenas os fortes — lute pelos poucos fracos assim mesmo.
> O que você leva anos construindo pode ser destruído da noite para o dia — construa assim mesmo.
> As pessoas precisam muito de ajuda, mas podem atacá-lo se você as ajudar — ajude-as assim mesmo.
> Dê ao mundo o melhor que você tiver e você será atacado — dê ao mundo o melhor que você tiver assim mesmo.[3]

Se melhor é possível, então o bom não é o bastante.

Se você quiser ajudar os outros e se tornar uma pessoa de influência, continue sorrindo, compartilhando, dando e virando a outra face. Essa é a maneira de se tratar as pessoas. Além do mais, você nunca sabe quando as pessoas na sua esfera de influência vão subir e fazer a diferença na sua vida e na dos outros.

3. Todo mundo precisa de alguém

Contrariamente à crença popular, não existem coisas como homens e mulheres que se fizeram por si só. Todo mundo precisa de amizade, encorajamento e ajuda. O que as pessoas podem conseguir sozinhas é quase nada comparado ao seu potencial quando trabalhando com os outros. E fazer as coisas com outras pessoas tende a trazer satisfação. Além do mais, cavaleiros solitários raramente são pessoas felizes. O rei Salomão do antigo Israel afirmou o valor de se trabalhar junto da seguinte forma:

> É melhor haver dois do que um,
> porque duas pessoas trabalhando juntas podem ganhar
> muito mais.
> Se uma delas cai,
> a outra a ajuda a se levantar.
> Mas, se alguém está sozinho e cai, fica em má situação
> porque não tem ninguém que o ajude a se levantar.
> Se faz frio, dois podem dormir juntos e se esquentar;
> mas um sozinho, como é que vai se esquentar?
> Dois homens podem resistir a um ataque
> que derrotaria um deles se estivesse sozinho.
> Uma corda de três cordões é difícil de arrebentar.[4]

As pessoas que tentam fazer tudo sozinhas muitas vezes se colocam em apuros. Uma das histórias mais loucas que já vimos sobre o assunto veio de um pedido de seguro de um pedreiro que se machucou em uma construção. Ele estava tentando levar um carregamento de tijolos do último andar de um prédio sem pedir a ajuda de ninguém. Ele escreveu:

Teria demorado demais descer com todos os tijolos na mão, então eu decidi botá-los em um barril e descer com eles por uma roldana que eu tinha amarrado ao topo do prédio. Depois de amarrar a corda de forma segura no térreo, subi até o topo do prédio, ajustei a corda em volta do barril, carreguei-o com tijolos e o empurrei para a descida. Então, desci para a calçada e desamarrei a corda, segurando-a firmemente para guiar o barril para baixo bem devagar. Mas como eu peso apenas sessenta e quatro quilos, a carga de duzentos e trinta quilos me puxou do chão tão rápido que eu nem tive tempo de pensar em soltar a corda. Ao passar entre o segundo e o terceiro andar encontrei o barril descendo. Isso explica os hematomas e as lacerações na parte superior do meu corpo. Eu me segurei firme na corda até chegar ao topo, onde minha mão se prendeu na roldana. Isso explica meu dedão quebrado. Ao mesmo tempo, no entanto, o barril atingiu a calçada com um estouro e o fundo saiu. Com a saída do peso dos tijolos, o barril pesava apenas dezoito quilos. Assim, meu corpo de sessenta e quatro quilos começou uma rápida descida, e eu encontrei o barril vazio subindo. Isso explica meu tornozelo quebrado. Com uma muito pequena redução de velocidade, eu continuei a descida e aterrissei na pilha de tijolos. Isso explica minha torção nas costas e minha clavícula quebrada. A essa altura eu perdi totalmente minha presença de espírito e soltei a corda, e o barril vazio desceu e se quebrou sobre mim. Isso explica meus machucados na cabeça. E quanto à última pergunta em seu formulário de seguro, "O que eu faria se a mesma situação se me apresentasse novamente?", saiba que não tentarei mais fazer todo o trabalho sozinho.

Todo mundo precisa de alguém para trabalhar em conjunto e ajudar. Se você entender isso, se estiver disposto a se dar aos outros e ajudá-los, e manter os motivos certos, a vida deles e a sua podem mudar.

4. Todo mundo pode ser alguém quando alguém o entende e acredita nele

Uma vez que você entender as pessoas e acreditar nelas, elas podem realmente se tornar alguém. E não custa muito esforço ajudar as outras pessoas a se sentirem importantes. Pequenas coisas, feitas deliberadamente no momento certo, podem fazer uma grande diferença, como mostra esta história de John:

Por quatorze anos eu tive o privilégio de ser pastor de uma grande congregação na área de San Diego, onde fazíamos uma programação maravilhosa de Natal todos os anos. Costumávamos fazer vinte e oito apresentações, e ao todo cerca de trinta mil pessoas as viam todos os anos. A apresentação sempre incluía um bando de crianças, e uma das minhas partes favoritas da apresentação era uma canção em que trezentas crianças vestidas de anjos cantavam segurando velas. Ao fim da canção, elas saíam do palco, andavam pelos corredores e saíam pelo saguão na frente da igreja. Durante a primeira apresentação, eu decidi esperar por elas no saguão. Elas não sabiam que eu estaria lá, mas à medida que chegavam, eu as aplaudia, elogiava e dizia: "Crianças, vocês fizeram um ótimo trabalho!" Elas ficaram surpresas de me ver, e ficaram felizes com o encorajamento. Para a segunda apresentação, eu fiz a mesma coisa novamente. E eu pude ver, conforme caminhavam pelos corredores, que elas estavam olhando para trás ansiosamente para ver se eu estava lá para lhes dar encorajamento. Na terceira apresentação da noite, ao fazerem a curva e andarem pelos corredores, elas estavam sorrindo. E, quando chegaram no saguão, estávamos tocando as mãos e elas estavam se divertindo. Elas sabiam que eu acreditava nelas, e isso fez com que todas sentissem que eram alguém.

Quando foi a última vez em que você se esforçou para fazer as pessoas se sentirem especiais? O investimento exigido da sua parte é totalmente ofuscado pelo impacto que isso causa nelas. Todo mundo que você conhece e todas as pessoas que você encontra têm o potencial de ser alguém importante na vida dos outros. Tudo de que elas precisam é encorajamento e motivação da sua parte para ajudá-las a atingir seu potencial.

5. Qualquer pessoa que ajuda alguém influencia muitas pessoas

A última coisa que você precisa entender sobre as pessoas é que quando você ajuda uma pessoa, está, na verdade, impactando muitas outras. O que você dá para uma pessoa transborda para a vida de todas as pessoas que essa pessoa impacta. A natureza da influência é multiplicar. Impacta até mesmo você, porque quando você ajuda os outros e seus motivos são bons, você sempre recebe mais do que pode algum dia dar. A maioria das pessoas fica tão genuinamente grata quando outra pessoa lhes faz sentir que são alguém especial que nunca se cansam de mostrar sua gratidão.

Escolha entender os outros

No fim das contas, a habilidade de entender as pessoas é uma escolha. É verdade que algumas pessoas nascem com grandes instintos que permitem que entendam como os outros pensam e sentem. Mas mesmo se você não for uma pessoa que entenda os outros por instinto, pode melhorar sua habilidade de trabalhar com eles. Todo mundo é capaz de ter a habilidade de entender, motivar e definitivamente influenciar pessoas.

Se você quiser mesmo fazer a diferença na vida dos outros, então decida-se a ter...

A perspectiva da outra pessoa

Mark McCormack, autor de *What They Don't Teach You at Harvard Business School* [O que não ensinam a você em Harvard], escreveu sobre uma história divertida para a revista *Entrepreneur*. Ela ilustra o valor de reconhecer as perspectivas das outras pessoas. Ele disse: "Alguns anos atrás eu estava esperando na fila de bilhetes do aeroporto. Na minha frente estavam duas crianças brigando por causa de um sorvete de casquinha. Na frente delas estava uma mulher com um casaco de mink. Eu vi que isso era um acidente esperando para acontecer. Eu deveria interferir? Eu ainda estava ponderando sobre isso quando ouvi a menina dizer para o menino: 'Se você não parar, Charlie, vai ficar com pelos do casaco dessa senhora no seu sorvete'."

A maioria das pessoas não olha além das próprias experiências quando lida com os outros. Elas tendem a ver pessoas e eventos no contexto de sua posição, de seu histórico ou das circunstâncias. Por exemplo, Pat McInally, dos Cincinnati Bengals da NFL, disse: "Em Harvard me rotularam de atleta. Nos profissionais me consideram intelectual." Embora ele não tivesse mudado, as percepções que os outros tinham dele havia mudado.

Sempre que você vir as coisas da perspectiva da outra pessoa, ganhará um jeito totalmente novo de ver a vida. E você encontrará novas maneiras de ajudar os outros. Uma história do livro *Zadig*, de Voltaire, mostra o valor de olhar para pessoas e situações de uma nova maneira.

O governante de um país estava triste porque seu cavalo favorito havia sumido. O rei enviou emissários pela terra para procurar por ele, mas não adiantou nada. No desespero, o rei ofereceu uma grande recompensa. Muitos vieram esperando ganhá-la e procuraram o cavalo, mas todos falharam. O cavalo tinha desaparecido.

Um simplório na corte do rei pediu uma audiência com o monarca, e lhe disse que podia encontrar o cavalo.

— Você! — exclamou o rei. — Você pode encontrar meu cavalo quando todos os outros falharam?

— Sim, majestade — respondeu o simplório.

— Então o encontre — disse o rei, que não tinha nada a perder.

Dentro de algumas horas o cavalo estava de volta ao palácio, e o rei ficou estupefato. Imediatamente ordenou que seu tesoureiro emitisse uma bela recompensa para o homem, e pediu que ele explicasse como o tinha encontrado quando tantos homens considerados sábios não o tinham.

— Foi fácil, majestade — disse o simplório. — Eu simplesmente me perguntei: 'Se eu fosse um cavalo, aonde iria?' E, me colocando no lugar dele, logo o encontrei.

Empatia pessoal

Outra qualidade de que você precisa se quiser entender e ajudar os outros é a empatia pessoal. Nem todo mundo é naturalmente empático, como é evidente nesta história sobre um pastor do Kansas. Parece que o pastor estava retornando para casa depois de uma visita à Nova Inglaterra, e um de seus paroquianos o encontrou na estação de trem.

— Bem — perguntou o pastor —, como estão as coisas em casa?

— Tristes, muito tristes, pastor — respondeu o homem. — Veio um ciclone e levou tudo da minha casa.

— Bem, não estou surpreso — disse o incompreensivo pastor, franzindo a testa. — Você lembra que eu venho avisando sobre a maneira como você vem vivendo. O castigo para o pecado é inevitável.

— Ele também destruiu a sua casa, pastor — adicionou o homem.

— Destruiu? — disse o pastor, momentaneamente surpreso. — Puxa vida, a forma como o Senhor age está acima da compreensão humana.

Não espere que sua casa seja destruída por um ciclone para ter sentimentos pelos problemas e pelas falhas das pessoas. Ofereça ajuda aos outros com a mão forte, mas com o coração macio, e eles responderão a você de forma positiva.

Uma atitude positiva para com as pessoas

O escritor Harper Lee escreveu: "As pessoas geralmente veem o que procuram e ouvem o que querem ouvir." Se você tem uma atitude positiva para com as pessoas, acredita no melhor delas e age de acordo com suas crenças, então você pode ter um impacto na vida delas. Mas tudo começa com a maneira como você pensa nas pessoas. Você não pode ser uma influência positiva se seu pensamento for assim:

Quando a outra pessoa demora, é lenta.
Quando eu demoro, estou sendo abrangente.
Quando a outra pessoa não faz, é preguiçosa.
Quando eu não faço, estou ocupado.
Quando a outra pessoa faz algo sem que lhe tenham pedido, está passando de seus limites.
Quando eu o faço, isso é iniciativa.
Quando a outra pessoa não observa uma regra de etiqueta, é rude.
Quando eu não a observo, sou original.
Quando a outra pessoa agrada o chefe, é puxa-saco.
Quando eu agrado o chefe, isso é cooperação.

*Quando a outra pessoa progride, está tendo sorte.
Quando eu consigo progredir, isso é só a recompensa pelo
meu trabalho duro.*

Sua atitude em relação às pessoas é uma das escolhas mais importantes que você fará. Se seu pensamento for positivo, você pode realmente causar um impacto nelas. O pastor Robert Schuller, forte proponente do pensamento positivo, conta a seguinte história em *Life Changers* [Modificadores de vida]:

"Sou o maior jogador de beisebol do mundo", esnobou o menininho ao passear pelo quintal dos fundos de casa. Taco no ombro, jogou uma bola para o alto, girou e errou. "Sou o maior jogador que já existiu", reiterou. Pegou a bola novamente, girou e errou de novo. Parando um momento para examinar seu taco, abaixou e pegou a bola. "Sou o maior jogador de beisebol que já existiu!" O embalo do giro dele quase o derrubou. Mas a bola caiu, ilesa, aos seus pés. "Uau!", exclamou. "Que lançador!"[5]

Se você quiser se tornar uma pessoa de influência, tenha uma atitude para com os outros semelhante à atitude que aquele menino tinha em relação a si mesmo.

Se você tratar todo mundo que encontrar como se fosse a pessoa mais importante do mundo, comunicará que ela é alguém — para você.

Jim foi lembrado da importância de entender as pessoas e ver as coisas da perspectiva delas ao visitar seus pais idosos em Nova York recentemente:

Meus pais já têm quase noventa anos, e trabalharam duro a vida toda. Meu pai era o editor do Niagara Falls Gazette, e minha mãe era enfermeira supervisora noturna do *Niagara Falls Memorial Hospital.* Ela trabalhou muitos anos das 23h às 7h quando eu era menor para que ela pudesse estar em casa para me acordar para a escola, fazer o café da manhã e preparar meu almoço. E então ela estava em casa quando eu chegava da escola todas as tardes. Eu mal notava que ela trabalhava. Quando eu era mais jovem, nós sempre moramos em uma casa muito pequena. Depois que eles se aposentaram, venderam-na e se mudaram para um pequeno apartamento para viver de suas modestas pensões. Como a maioria das pessoas que foram abençoadas financeiramente, Nancy e eu sempre estamos procurando meios de ajudar nossos pais e retribuir um pouco pelas coisas positivas que eles fizeram por nós ao longo dos anos. Recentemente, pensamos que poderíamos ajudá-los alugando para eles uma cobertura no edifício de maior prestígio na cidade. Era incrível, e ainda tinha vista para as cataratas do Niágara. Mas depois de seis meses, meus pais perguntaram se poderiam se mudar de lá. A visão da minha mãe estava então tão fraca que ela não conseguia mais ver as cataratas. Papai, por outro lado, conseguia ver bem as cataratas, mas estava extremamente ansioso por estar em um lugar tão alto. Ficamos desapontados por eles não terem gostado, mas prontamente concordamos em mudá-los de volta a seu pequeno apartamento.

Meu desejo de ajudá-los ainda era forte, então certo dia, depois que os alocamos de volta em seu apartamento, levei minha mãe ao mercado. Embora ela alegasse que não precisava de nada, eu consegui convencê-la a me deixar comprar alguns itens: uma nova lata de lixo, talheres, um pequeno rádio e uma torradeira nova — a antiga arremessava a torrada como um canhão quando estava pronta. E eu me senti muito bem quando a ouvi mostrando a torradeira a uma vizinha e dizendo: "Meu filho comprou para nós!"

Nancy e eu queríamos dar a eles grandes coisas, mas não era isso que importava para eles. Eles estavam *felizes com uma torradeira. Ah, sim, havia outro item que eles finalmente admitiram que gostariam de ter: uma pequena árvore para a frente do apartamento. Eles acharam que seria bom ter um pouco de sombra no verão quando se sentassem do lado de fora. "Mas elas são tão caras", disse minha mãe. "Compre-nos só uma muda." Queríamos que eles tivessem sombra hoje, não daqui a quinze anos. Então saímos e lhes compramos a maior árvore que encontramos. Não era preciso muito dinheiro para deixá-los felizes, só um pouco de compreensão.*

Nem todo mundo aprende essa lição. Muitas pessoas tentam empurrar os próprios desejos — e depois não entendem por que não têm influência com os outros. Para causar impacto nos outros, descubra o que as pessoas querem e ajude-as a consegui-lo. É isso que as motiva. E é isso que torna possível você se tornar uma pessoa de influência na vida delas.

Checklist da influência
Entendendo as pessoas

- **Avalie sua compreensão.** Use a seguinte escala para avaliar sua habilidade de entender as pessoas (circule a avaliação que se aplica a você):

Superior — Eu posso quase sempre antecipar como as pessoas vão se sentir e reagir em qualquer situação. A compreensão é uma das minhas habilidades mais fortes.

Boa — Na maior parte do tempo o que as pessoas fazem e querem faz sentido para mim. Considero minha habilidade de entender as pessoas uma vantagem.

Razoável — Fico surpreso com as pessoas tanto quanto consigo antecipar o que vão pensar. Considero minha habilidade de entender os outros mediana.

Fraca — Na maior parte do tempo os sentimentos e as motivações das pessoas são mistérios para mim. Eu definitivamente preciso melhorar nessa área.

- **Plano de ação da compreensão.** Se você se avaliou como superior, então deveria estar compartilhando sua habilidade ensinando aos outros como entender melhor as pessoas. Se você se avaliou como bom, razoável ou fraco, continue se esforçando para aprender e melhorar. Você pode melhorar sua habilidade imediatamente se fazendo estas quatro perguntas cada vez que encontrar novas pessoas:

1. De onde elas vêm?
2. Aonde elas querem ir?
3. Qual é a necessidade delas agora?
4. Como eu posso ajudar?

- **Ative sua atitude positiva.** Se sua habilidade de entender as pessoas não é tão boa quanto você gostaria que fosse, a raiz pode ser que você não valorize os outros tanto quanto poderia. À medida que interagir com as pessoas, lembre-se das palavras de Ken Keyes, Jr.: "Uma pessoa amável vive em um mundo amável. Uma pessoa hostil vive em um mundo hostil: Todo mundo que você encontra é seu espelho."

Capítulo 6

Uma pessoa de influência...

Engrandece as pessoas

Multiplicar

Orientar — *Engrandecer*

Motivar

Modelar

Depois que você tiver sido um modelo de integridade com os outros e tiver conseguido motivá-los com sucesso, está pronto para dar o próximo passo no processo de se tornar uma pessoa de influência na vida deles. Jim tem uma história que lhe dará uma ideia de como é o próximo passo:

Ao longo dos anos, Eric já passou por mais de trinta cirurgias individuais no cérebro, mas isso nunca o impediu de ser mentalmente afiado e cheio de otimismo. E seu grande senso de humor nos mantém entretidos. Durante uma de suas muitas cirurgias, Eric sofreu um AVC. A perda do equilíbrio muscular resultante limitou o uso de sua mão direita e lhe deu uma curvatura aguda na espinha. Depois de dois anos, isso exigiu outra cirurgia, em que os médicos fizeram uma fusão espinhal e implantaram varetas de aço da base do pescoço até a pélvis. Ele passou três meses com o corpo todo engessado durante sua longa recuperação e, como resultado, muitas de suas habilidades anteriores foram reduzidas drasticamente. Mas Eric passou por tudo isso com o moral caracteristicamente positivo. Depois da cirurgia na espinha de Eric, Nancy não mais podia deixá-lo sozinho, então decidimos que estava na hora de contratar uma pessoa em tempo integral para levantá-lo, ajudar com seu dia a dia, e prestar assistência na reabilitação em andamento. Sabíamos o tipo de pessoa que queríamos contratar, mas não tínhamos ideia de onde ou como localizá-la. Certo dia, enquanto Nancy estava conversando com um de nossos contatos médicos, ela ouviu algo sobre Fernando. Ele parecia ótimo. "Ele é a pessoa perfeita", disse nosso amigo, "mas você nunca vai consegui-lo." A resposta de Nancy foi: "Só nos dê o telefone dele, e deixe que nos preocupemos se vamos ou não consegui-lo." Algumas semanas depois, o contratamos, e ele tem sido maravilhoso. Fernando havia trabalhado no Sharp Hospital, e embora ele fosse apenas cinco anos mais velho que Eric, ele já tinha sido gerente de um lar para crianças que sofreram abuso e havia trabalhado no campo de reabilitação por sete anos. Ele e Eric se deram bem imediatamente. Fernando fornecia uma combinação perfeita de habilidades profissionais e companhia. É difícil descrever que presente maravilhoso Deus deu a Eric e a nossa família na pessoa de Fernando. Ele vê sua missão como engrandecer Eric, mantê-lo crescendo até seu potencial total. Fernando constantemente aprende novas informações e técnicas em seu campo, e busca maneiras de expor Eric a novas experiências e desafiá-lo a crescer. Como resultado, a vida de Eric não é mais a mesma. No tempo em que os dois vêm fazendo as coisas juntos, Eric fez muito mais do que ir esquiar todos os anos. Ele aprendeu a praticar jet ski — eu nunca poderia ter imaginado Eric indo a sessenta e cinco quilômetros por hora na água, mas Fernando acreditava que ele poderia fazê-lo, e assim o fez. Eric também é voluntário como tutor para alunos do Ensino Fundamental, estuda alemão, trabalha em nosso escritório e pratica natação duas vezes por semana, e começou a fazer exercícios com pesos. É difícil para nós lembrar que Eric é gravemente limitado fisicamente, porque sua vida é ocupada, desafiadora e se expande a cada dia. Uma das maiores experiências de Eric desde que se uniu a Fernando tem sido seu envolvimento com o power soccer. É um novo esporte jogado por pessoas usando cadeiras de rodas motorizadas. Elas se encontram em ginásios onde competem com outras equipes. Eric ama, e geralmente gosta de jogar como goleiro. Pouco tempo atrás Fernando levou Eric para Vancouver, no Canadá, para competir em um torneio de power soccer. Foi uma experiência e tanto para Eric. Eles voaram juntos, alugaram um carro, pegaram seu quarto de hotel e se viraram pela cidade — só os dois. Eric amou principalmente competir no torneio de cinco dias onde ele marcou dois gols. E o melhor de tudo, o time dele ganhou a medalha de ouro! Nunca tínhamos visto Eric tão animado como estava quando voltou do torneio. Ele usou sua medalha de ouro na volta de avião para casa, e acho que não tocou o chão por dias.

Desde então, sua confiança tem sido tão forte que ele está disposto a aceitar quase qualquer tipo de desafio. E, por isso, Fernando merece muito do crédito. Sem sua fé em Eric e seu desejo de engrandecer o mundo dele, nada disso teria acontecido.

Para se tornar uma pessoa de influência e causar um impacto positivo nas pessoas, você tem de caminhar com elas e realmente se envolver na vida delas. Foi isso que Fernando fez e continua a fazer com o filho de Jim, Eric. E é o que você precisa fazer com as pessoas para quem você quer fazer a diferença. Dar um modelo de uma vida de integridade é um primeiro passo importante para se tornar uma influência porque isso cria um forte alicerce com os outros. E o próximo passo natural é motivar as pessoas. Ao nutrir as pessoas, mostrar sua fé nelas, ouvir suas esperanças e seus medos, e demonstrar sua compreensão para com elas, você constrói uma forte conexão relacional e dá a elas incentivo para vencerem — e serem influenciadas por você. Mas se você quiser que as pessoas possam realmente crescer, melhorar e vencer, você tem de dar o próximo passo com elas. Você tem de se tornar um mentor para elas.

O SIGNIFICADO DA MENTORIA

Dar às pessoas a *motivação* para crescer sem também fornecer a elas os *meios* de fazê-lo é uma tragédia. Mas o processo de mentoria oferece às pessoas a oportunidade de transformar seu potencial em realidade, seus sonhos em destino. Mentores impactam a eternidade porque não se pode dizer onde a influência deles acaba.

O estadista britânico do século XIX, William Gladstone, afirmou: "Sábio é o homem que não desperdiça energia em buscas para as quais ele não é apropriado; e mais sábio ainda o que, entre as coisas que ele pode fazer bem, escolhe e segue resoluto a melhor." A maioria das pessoas não tem um dom natural para identificar suas maiores áreas de potencial. Elas precisam de ajuda para fazê-lo, principalmente ao começarem a crescer e se esforçarem para atingir seu potencial. E é por isso que é importante que você se torne um mentor na vida das pessoas que você deseja ajudar. Você precisa guiá-las nas áreas de crescimento pessoal e profissional até que elas possam trabalhar nelas de forma mais independente.

Os autores de *The Leadership Challenge* [O desafio da liderança], James M. Kouzes e Barry Z. Posner, oferecem *insights* de liderança pertinentes à mentoria: "Líderes são pioneiros. Eles são pessoas que se aventuram em território inexplorado. Eles nos guiam para destinos novos e muitas vezes desconhecidos... A razão única para se ter líderes — sua função diferenciadora — é nos impelir para a frente. Líderes nos impelem a ir para algum lugar."

Mentores impactam a eternidade, porque não têm como saber onde sua influência acaba.

Mentores líderes movem as pessoas que estão desenvolvendo até o crescimento e aos seus pontos de força. Neste capítulo e nos próximos três, nos concentraremos em quatro maneiras de conseguir executar a tarefa de ser mentor de outras pessoas: engrandecer as pessoas, ajudá-las a navegar através dos problemas da vida, conectar-se com elas de modo mais profundo e capacitá-las a atingir seu potencial.

ENGRANDECER AS PESSOAS É UM INVESTIMENTO

O escritor Alan Loy McGinnis observou: "Não há ocupação mais nobre no mundo do que ajudar outro ser humano — ajudar alguém a vencer." Ajudar os outros a crescer é uma das coisas mais incríveis que você pode fazer por eles. Como diz John em seu livro *The Success Journey* [A jornada para o sucesso], crescer até atingir seu potencial é um dos três componentes para se vencer (além de conhecer seu objetivo e plantar sementes que beneficiem os outros).

Robert Gross, antigo presidente da Lockheed Aircraft Corporation, certa vez explicou a seus supervisores: "Uma coisa é construir um produto, outra é construir uma empresa; porque as empresas nada mais são que homens, e as coisas que eles produzem não são melhores do que as pessoas em si. Não desenvolvemos automóveis, aviões, geladeiras, rádios ou cadarços. Desenvolvemos homens. *Os homens desenvolvem o produto.*"

Quando você engrandece os outros, faz várias coisas...

Aumenta o nível de vida delas

Denis Waitley disse: "As maiores conquistas são as que beneficiam os outros." Sempre que você ajuda as pessoas a se engrandecer em qualquer área da vida, você as beneficia porque torna possível para elas subir a um novo nível. À medida que as pessoas desenvolvem seus dons e talentos, aprendem novas habilidades e ampliam sua capacidade de resolução de problemas, sua qualidade de vida e seu nível de satisfação aumentam drasticamente. Ninguém pode crescer e permanecer intacto na maneira como vive a vida.

> *Quando você engrandece os outros, abraça uma oportunidade de ajudá-los a atingir seu potencial.*

Aumenta o potencial delas para o sucesso

O executivo George Crane alegou que "não há futuro em emprego nenhum. O futuro está no homem que executa o trabalho". Quando você engrandece as pessoas, dá mais brilho ao futuro delas. Quando elas expandem seus horizontes, melhoram suas atitudes, aumentam suas habilidades ou aprendem novas maneiras de pensar, e vivem melhor. E isso aumenta o potencial delas.

Aumenta a capacidade de crescimento delas

Quando você ajuda as pessoas a se engrandecer, não está lhes dando apenas uma vacina ou uma ferramenta temporária, de curto prazo, que vai ajudá-los somente hoje. Engrandecer tem benefícios de longo prazo. Ajuda-os a se tornarem mais bem preparadas e aumenta a capacidade de aprender e crescer. Depois de engrandecidas, sempre que receberem um recurso ou oportunidade, estão mais preparadas para usá-los para seu maior benefício. E seu crescimento começa a se multiplicar.

Aumenta o potencial de organização

Se as pessoas que você está batalhando para engrandecer são parte de um grupo — não importa se é um negócio, uma igreja, uma equipe esportiva ou um clube —, então todo o grupo se beneficia de seu crescimento. Por exemplo, se muitas pessoas em sua organização melhoram, ainda que pouco, a qualidade de toda a organização aumenta. Se algumas pessoas melhoram muito, o potencial para crescimento e sucesso aumenta devido à liderança aumentada dessas pessoas. E se ambos os tipos de crescimento ocorrem como resultado de seu engrandecimento, aguarde porque sua organização está prestes a decolar!

Fred Smith, amigo de John, é um excelente líder, empreendedor e consultor de negócios. Fred vinha aconselhando um grupo de vinte jovens CEOs e se encontrava com eles mensalmente havia três anos quando decidiu que eles precisavam passar um tempo sozinhos. Então ele lhes disse que não voltaria para vê-los por um período. Eles continuaram a se encontrar sem ele, mas eventualmente eles pediam que voltasse para uma visita. Quando ele o fazia, eles o presenteavam com um cristal Baccarat. Nele estava gravada a frase "Ele nos engrandeceu".

Fred vem engrandecendo as pessoas há décadas porque percebe o valor incrível agregado não só às pessoas sendo alongadas, mas também às pessoas que influenciam. A maioria das pessoas é engraçada; elas querem progredir e vencer, mas são relutantes a mudanças. Muitas vezes estão dispostas a crescer apenas o suficiente para acomodar seus problemas; em vez disso, precisam crescer o bastante para atingir seu potencial. É por isso que precisam da sua ajuda. Os escritores Helen Schucman e William Thetford disseram com muita propriedade que "toda situação, percebida corretamente, se torna uma oportunidade". Quando você engrandece os outros, agarra uma oportunidade de ajudá-los a atingir seu potencial.

O ensaísta francês Michel Eyquem de Montaigne escreveu: "O valor da vida não está na quantidade de dias, mas no uso que fazemos deles; um homem pode viver muito tempo e ainda assim viver muito pouco." Quando você engrandece os outros, ajuda-os a aproveitar ao máximo o tempo que eles têm e aumenta a qualidade de vida deles.

TORNE-SE UM ENGRANDECEDOR

Para muitas pessoas, só o fato de querer engrandecer os outros não significa necessariamente que estão prontas para a tarefa. Geralmente precisam trabalhar alguma coisa em si primeiro. Como na maioria dos exemplos, se você quer fazer mais pelos outros, você tem de se tornar mais. E isso não é mais válido em outro lugar que na área de mentoria. Você pode ensinar o que sabe, mas pode reproduzir apenas o que você é.

Os especialistas em liderança Warren Bennis e Bert Nanus falaram sobre essa questão: "É a capacidade de desenvolver e melhorar suas habilidades que distingue os líderes de seus seguidores." Em suas preparações para assumir a tarefa de ajudar os outros a se engrandecer, a primeira coisa que você precisa fazer é melhorar e se engrandecer porque só quando você está crescendo e se engrandecendo é que você pode ajudar os outros a fazer o mesmo. Assim como as pessoas não seguirão uma pessoa cujas habilidades de liderança sejam mais fracas do que as próprias, elas não aprenderão de alguém que não está crescendo. Você não só deve estar em um nível mais elevado em seu crescimento pessoal, como também deve continuar a crescer de forma regular. (Você pode provavelmente lembrar como você respeitava pouco um de seus professores do ginásio ou da faculdade que obviamente tinha parado de aprender e crescer décadas antes — possivelmente no dia em que se formou!)

Albert Schweitzer sustentava que "o maior segredo do sucesso é passar pela vida como um homem que nunca fica estagnado". Quando você tem como objetivo continuamente aprender e se engrandecer, você se torna o tipo de pessoa que nunca poderá ficar "estagnada". Você está sempre recarregando suas baterias e encontrando maneiras melhores de fazer as coisas. Para determinar se você ainda está crescendo, pergunte a si mesmo o que você ainda espera. Se você não consegue pensar em nada ou está olhando para trás em vez de para frente, seu crescimento pode estar parado.

Já foi dito que "o maior obstáculo à descoberta não é a ignorância. É a ilusão do conhecimento". Muitas pessoas perdem de vista a importância do crescimento pessoal depois que terminam sua educação formal. Mas não deixe que isso aconteça com você. Torne seu crescimento uma das suas maiores prioridades a partir de hoje. Não há tempo a perder. Como afirmou o escritor e pensador escocês Thomas Carlyle, "uma vida; um pequeno flash de tempo entre duas eternidades; sem segunda chance para nós, nunca mais." Qualquer dia que se passa sem crescimento pessoal é uma oportunidade perdida para você se melhorar e, assim, engrandecer os outros.

Escolha cuidadosamente as pessoas a engrandecer

Depois que você já cresceu um pouco e está pronto para ajudar os outros a se engrandecerem, você precisa começar a pensar nas pessoas com quem vai escolher trabalhar. Você tem de ser seletivo. Você deve tentar ser um modelo de integridade para todas as pessoas, sejam elas próximas a você ou completos estranhos. E você deve ter como objetivo motivar todas as pessoas com quem tem um relacionamento — familiares, empregados, colegas de igreja ou de trabalho e amigos. Mas você não tem tempo de engrandecer todo mundo em sua vida; é um processo envolvente demais. É por isso que você precisa trabalhar primeiro com as pessoas mais promissoras ao seu redor, as mais propensas a serem receptivas ao crescimento.

Em *Killers of the Dream* [Assassinos do sonho], Lillian Smith escreveu: "Nós, nos EUA — e os homens ao redor da Terra —, nos vemos presos à palavra igualdade, que não se aplica ao gênero humano. Gostaria que a esquecêssemos. Acabar com seu uso em nosso país: deixe que os comunistas a usem. Ela não serve para homens que jogam seus sonhos para o alto. Ela só serve para nivelar por baixo a humanidade." Certamente desejamos que todas as pessoas tenham igual acesso a oportunidades e justiça, mas sabemos que as pessoas não respondem de forma igual a seu ambiente ou vantagens. E isso vale para as pessoas que você terá a oportunidade de desenvolver. Algumas pessoas estão ávidas para serem engrandecidas. Outras não se importam com crescimento pessoal ou não crescerão sob os seus cuidados. É seu trabalho descobrir qual é qual.

Ao pensar nas pessoas que você quer engrandecer, tenha as seguintes orientações em mente:

- *Selecione pessoas cuja filosofia de vida seja semelhante à sua.* Os valores e as prioridades subjacentes das pessoas que você quer engrandecer precisam ser semelhantes aos seus. Se você e elas não tiverem o básico em comum, tudo pode acabar como um mal-entendido, e vocês não vivenciarão a eficiência de que gostariam. Roy Disney, irmão e parceiro de Walt, disse: "Não é difícil tomar decisões quando você sabe quais são seus valores." E se você e as pessoas que você orienta tiverem valores semelhantes, poderão tomar decisões harmoniosas ao trabalharem juntos.

- *Escolha pessoas com um potencial no qual você genuinamente acredite.* Você não pode ajudar pessoas em que não acredite. Dê seu melhor esforço de mentoria às pessoas que têm o maior potencial — aquelas para quem você vê um futuro promissor —, não para aquelas de quem você tem pena.

Nutra, ame e motive as pessoas que sofrem. Mas dedique-se às pessoas que crescerão e farão a diferença.

- *Escolha pessoas cuja vida você possa impactar de forma positiva.* Nem todo mundo que você é capaz de desenvolver se beneficiaria do que você tem a oferecer. Procure uma correspondência entre o potencial deles e seus pontos fortes e sua experiência.

- *Eleve homens e mulheres ao topo.* Gostaríamos de que todas as pessoas que orientamos atingissem todo o seu potencial e se transformassem em estrelas. Afinal, os maiores mentores desenvolvem as pessoas um nível acima de sua habilidade. Mas a verdade é que embora todas as pessoas possam subir a um nível mais elevado do que ocupam atualmente, nem todo mundo é capaz de subir até os níveis mais altos. Um mentor de sucesso avalia o potencial das pessoas e as coloca em uma posição para vencer.

- *Comece quando chegar a hora.* Comece o processo na hora certa na vida das pessoas. Você provavelmente já ouviu a expressão "bata enquanto o ferro está quente"; significa agir em uma situação na hora certa. O ditado data do século XIV, vem da prática dos ferreiros que precisavam bater no metal quando estava exatamente na temperatura certa para moldá-lo precisamente na forma desejada. Você tem de fazer a mesma coisa com as pessoas que quer engrandecer. Comece cedo demais, e elas ainda não verão a necessidade de crescer. Comece tarde demais, e você perdeu a melhor oportunidade de ajudá-las.

Depois que você encontrou as pessoas certas, tenha em mente que você precisa ter a permissão delas antes de começar a engrandecê-las. As pessoas amam ser encorajadas e motivadas, então você não precisa do consentimento para fazer um ou outro. Mas o processo de mentoria só funciona de verdade quando ambas as partes conhecem o plano, concordam com ele e dão a ele cem por cento de esforço.

TENHA COMO PRIORIDADE LEVÁ-LOS ATRAVÉS DO PROCESSO DE ENGRANDECIMENTO

O processo de engrandecimento pode ser recompensador e divertido, mas também requer tempo, dinheiro e trabalho. É por isso que você tem de se comprometer com o processo e fazer dele uma de suas mais altas prioridades. O amigo de John, Ed Cole, diz: "Existe um preço a se pagar para crescer. Esse preço é o compromisso." Depois que você tiver feito o compromisso, está pronto. As sugestões a seguir vão ajudá-lo a maximizar o processo de engrandecimento.

Enxergue o potencial das pessoas

O compositor Gian Carlo Menotti afirmou de forma contundente: "O inferno começa no dia em que Deus nos dá uma visão clara de tudo que poderíamos ter conquistado, de todas as bênçãos que desperdiçamos, de tudo que poderíamos ter feito e não fizemos."[1] O potencial não atingido é um desperdício trágico. E, como orientador, você tem o privilégio de ajudar os outros a descobrir e então desenvolver seu potencial. Mas você não pode fazer isso até enxergar o potencial deles.

O nadador vencedor da medalha de ouro olímpica Geoffrey Gaberino resume desta forma: "A competição de verdade é sempre entre o que você fez e o que você é capaz de fazer." Sempre que você olhar para as pessoas que quer engrandecer, tente discernir o que elas são capazes de fazer. Procure a faísca da grandeza. Observe e procure com seu coração e com seus olhos. Encontre o entusiasmo delas. Tente visualizar o que elas estariam fazendo se superassem obstáculos pessoais, ganhassem confiança, crescessem em áreas promissoras e dessem tudo o que têm. Isso vai ajudá-lo a enxergar o potencial delas.

Lance uma visão para o futuro das pessoas

O antigo escritor de discursos presidenciais Robert Orben declarou: "Sempre se lembre de que existem apenas dois tipos de pessoas neste mundo: os realistas e os sonhadores. Os realistas sabem para onde estão indo. Os sonhadores já estiveram lá." Para agregar valor às pessoas que você engrandece, viaje à frente delas com os olhos da mente e enxergue o futuro antes que elas pensem em fazer isso. Você se torna capaz de lançar uma visão para o futuro delas que ajuda a motivá-las e engrandecê-las.

Alguém certa vez disse: "Não se deixe ser pressionado a pensar que seus sonhos ou seus talentos não são prudentes. Não é para eles serem prudentes. É para eles trazerem alegria e satisfação à sua vida." Esse conselho é excelente. As pessoas nunca vencerão além de seus sonhos mais loucos a menos que tenham sonhos muito loucos. Quando você lança uma visão para os outros, você os ajuda a ver seu potencial e suas possibilidades. E quando você adiciona sua fé a essa visão, você os impele à ação. O grande estadista britânico Benjamin Disraeli declarou: "Alimente grandes pensamentos, pois você nunca voará mais alto que seus pensamentos." Ajude as pessoas a terem grandes pensamentos sobre si, e elas começarão a viver como as pessoas que podem se tornar.

Incite a paixão das pessoas

Como engrandecedor, você deve ajudar pessoas que querem crescer, e uma maneira de fazer isso é incitar a paixão delas. Todo mundo — até mesmo as pessoas mais quietas e reservadas — tem uma paixão por alguma coisa. Você só tem de encontrá-la. Como disse o cientista Willis R. Whitney, "alguns homens têm milhares de motivos pelos quais não podem fazer o que querem, quando tudo de que eles precisam é um motivo pelo qual eles podem."

Ao procurar as paixões dos outros, vá além da superfície de suas vontades diárias. Olhe bem fundo dentro deles. Harold Kushner escreveu, perceptivo: "Nossa alma não tem fome de fama, conforto, riquezas ou poder. Essas recompensas criam quase tantos problemas quanto resolvem. Nossa alma tem fome de significado, da sensação de que descobrimos como viver de modo que nossa vida signifique algo, de modo que o mundo fique ao menos um pouco diferente por termos passado por ele."

Depois que você descobre a paixão delas, incite-a. Mostre como ela pode ativar o potencial delas a ponto de que poderão realizar suas visões para a vida. A paixão pode ajudá-las a fazer seus sonhos se tornarem realidade. E como disse o presidente dos EUA Woodrow Wilson: "Crescemos pelos sonhos. Todos os grandes [indivíduos] são sonhadores. Eles veem as coisas na névoa leve de um dia de primavera ou no fogo vermelho em uma longa noite de inverno. Alguns de nós deixam esses sonhos morrerem, mas outros os alimentam e os protegem; alimente-os de forma suficiente através dos dias difíceis até que eles os levem ao sol e à luz que sempre vêm para aqueles que sinceramente esperam que seus sonhos se realizem." A paixão é o combustível que ajuda as pessoas a nutrir e proteger seus sonhos.

Aborde falhas de caráter

Ao explorar como você pode ajudar os outros a engrandecer, você precisa abordar quaisquer problemas de caráter que eles possam ter. Como mencionamos no capítulo 1, a integridade é o alicerce sobre o qual tudo mais deve se erguer na vida das pessoas. Não importa quanto você engrandeça as pessoas, se o alicerce não for sólido, haverá apuros.

Ao examinar o caráter dos outros, lembre-se de olhar além da reputação deles. Abraham Lincoln fazia esta distinção: "O caráter é como uma árvore e a reputação é como sua sombra. A sombra é o que pensamos dela; a árvore é o que é verdadeiro." Não se apresse para realmente conhecer a pessoa que está engrandecendo. Observe-a em várias situações. Se você conhecer as pessoas bem o bastante para saber como elas reagem na maioria das situações, terá uma ideia de onde quaisquer falhas de caráter possam estar.

Martin Luther King Jr. disse: "A medida definitiva de um homem não é sua posição nos momentos de conforto e conveniência, mas em momentos de desafio e controvérsia." Seu objetivo deve ser ajudar as pessoas que você está desenvolvendo para serem fortes em meio a desafios. Mas você tem de começar com as pequenas coisas. O escritor e líder corporativo Joseph Sugarman observou: "Toda vez que você é honesto e se conduz com honestidade, uma força de sucesso o impulsionará em direção a um sucesso maior. Cada vez que você mente, mesmo uma mentirinha branca, há forças poderosas empurrando-o para o fracasso." Ajude as pessoas a aprender a se conduzirem com integridade em todas as situações, e elas estarão prontas para crescer e atingir seu potencial.

Concentre-se nos pontos fortes das pessoas

Quando algumas pessoas começam a trabalhar com outras em seu desenvolvimento, muitas vezes elas se concentram nos pontos fracos em vez de nos pontos fortes. Talvez isso seja porque é muito fácil ver os problemas e as falhas dos outros. Mas se você começar pondo suas energias em corrigir os pontos fracos das pessoas, você as desanimará e, sem querer, sabotará o processo de engrandecimento.

Em vez de se concentrar nos pontos fracos, preste atenção aos pontos fortes das pessoas. Desenvolva habilidades que já existam. Elogie as qualidades. Realce os dons inerentes nelas. Os pontos fracos podem esperar — a menos que sejam falhas de caráter. Só quando você tiver desenvolvido um forte relacionamento com elas e elas tiverem começado a crescer e ganhar confiança é que você deve abordar os pontos fracos. E, então, lide com eles de forma gentil, um por vez.

Engrandeça-as um passo por vez

Ronald Osborn notou: "A menos que você tente fazer algo além do que você já dominou, nunca crescerá." Para engrandecer as pessoas, ajude-as a dar passos de crescimento que as engrandeçam regularmente sem sobrecarregá-las ou desencorajá-las.

Para cada pessoa, esse processo será diferente. Mas não importa de onde as pessoas são ou para onde estão indo, elas ainda precisam crescer em certas áreas. Sugerimos que você inclua as quatro seguintes áreas no processo de desenvolvimento:

1. *Atitude*. Mais do que qualquer outra coisa, a atitude determina se as pessoas vencerão e poderão aproveitar a vida. E a atitude impacta não só todas as áreas de sua vida, mas também influencia os outros.

2. *Relacionamentos*. O mundo é feito de pessoas, então todo mundo tem de aprender a interagir com os outros de forma eficaz. A habilidade de se identificar com os outros e se comunicar com eles pode afetar o casamento,

a criação dos filhos, o trabalho, as amizades e mais. Se as pessoas puderem se dar bem, elas poderão progredir em quase qualquer área da vida.

3. *Liderança.* Tudo tem a ver com a liderança. Se as pessoas que você está desenvolvendo planejarem trabalhar com uma equipe, elas têm de aprender a liderá-la. Se não o fizerem, estarão carregando toda a carga sozinhas em tudo o que fizerem.

4. *Habilidades pessoais e profissionais.* Você pode ficar surpreso de ver que estamos listando essa por último. Mas a verdade é que se o pensamento não for positivo e as habilidades no trabalho com as pessoas estão faltando, todas as habilidades profissionais do mundo valem pouco. Ao ajudar as pessoas a crescerem, trabalhe de dentro para fora. Não é o que acontece com as pessoas que fazem a diferença; é o que acontece dentro delas.

Ponha recursos na mão das pessoas

Para ajudar as pessoas a crescerem, não importa a que área você está se dirigindo, ponha recursos na mão delas. Sempre que um de nós estiver com alguém que estamos desenvolvendo, tentamos levar algo conosco para dar a eles — livros, áudios, artigos de revistas, qualquer coisa inspiradora ou instrutiva em que possamos pôr as mãos. Nada nos dá mais alegria do que saber que ajudamos alguém a dar mais um passo em seu crescimento. Essa é uma razão pela qual nós dois estamos constantemente criando recursos para o crescimento das pessoas. Se você não puder encontrar exatamente o que está procurando para ajudar as pessoas, talvez queira dar um pouco da sua experiência.

Na próxima vez em que você estiver pronto para se encontrar com as pessoas que você quer engrandecer, tenha a mão ativa no processo. Junte artigos sobre uma das áreas de interesse delas. Dê-lhes um livro que impactou sua vida ou ponha nas mãos delas áudios que vão lhes ensinar e inspirar. Se você continuar a fazer isso, não só as pessoas que você desenvolve vão amar o tempo que passam com você, mas cada vez que vocês se encontrarem, você verá que eles cresceram um pouco mais em direção a seu potencial.

Exponha-as a experiências engrandecedoras

Implementar um plano para o crescimento engrandece as pessoas. Mas às vezes elas precisam de algo mais para lhes dar uma carga nova de energia e inspiração. A escritora cega Helen Keller disse: "Uma pessoa nunca pode se contentar em andar quando sente um impulso para voar." Quando você expõe as pessoas a experiências engrandecedoras, planta nelas esse desejo de voar.

Conferências e seminários, encontros com homens e mulheres de destaque e eventos especiais causaram um tremendo impacto em nós. Eles sempre nos tiram de nossa zona de conforto, impelem-nos a pensar além de nós mesmos ou nos desafiam a ir a novos níveis de vida. Mas lembre-se de que eventos e reuniões não fazem as pessoas crescerem. Eles *inspiram* as pessoas a tomarem decisões importantes que podem mudar a direção de sua vida. O crescimento em si vem do que as pessoas fazem diariamente depois que tiverem tomado uma decisão.

ENSINE-LHES A SEREM AUTOENGRANDECEDORES

De acordo com Philip B. Crosby, "há uma teoria do comportamento humano que diz que as pessoas inconscientemente retardam o próprio crescimento intelectual. Elas passam a confiar em clichês e hábitos. Depois que atingem a idade de seu conforto pessoal com o mundo, param de aprender e sua mente fica no piloto automático pelo resto de sua vida. Elas podem progredir organizacionalmente, podem ser ambiciosas e ansiosas, e podem até trabalhar noite e dia. Mas não aprendem mais."

Depois que você tiver conseguido que as pessoas valorizem o crescimento o bastante para começarem a se engrandecer, terá ultrapassado uma barreira enorme. Mas o próximo passo é fazer com que elas continuem a crescer sozinhas. Já foi dito que o objetivo de todo professor deveria ser preparar os alunos para se virarem sem eles. O mesmo pode ser dito de pessoas que buscam engrandecer os outros. Ao trabalhar com os outros e ajudá-los a se engrandecerem, dê-lhes aquilo de que precisam para que possam aprender a cuidar de si. Ensine-lhes a encontrar recursos. Encoraje-os a sair de sua zona de conforto sozinhos. Direcione-os a outras pessoas que possam ajudá-los a aprender e crescer. Se você puder ajudá-los a se tornarem aprendizes eternos, terá dado a eles um presente incrível.

Um engrandecedor de sucesso avalia o potencial dos outros e os coloca em uma posição para vencerem.

Já ouvimos: "Ninguém se torna rico a menos que enriqueça outra pessoa." Quando você enriquece os outros ao ajudá-los a crescer e se engrandecer, não só você traz alegria a eles e a você, mas você também aumenta sua influência e a habilidade deles de tocar a vida dos outros.

No começo deste capítulo, contamos a você sobre como Fernando enriqueceu a vida de Eric, filho de Jim e Nancy. Porém, não é só isso:

Desde que Eric começou a jogar naquele torneio de power soccer, ele mudou muito. Ficou mais assertivo, e está buscando seus objetivos com mais entusiasmo. Por exemplo, Eric agora decidiu que quer tentar jogar tênis, então Fernando começou a trabalhar com ele para prepará-lo. Conforme mencionei anteriormente, Eric começou a treinar com pesos. Mas ele também deu outro passo para ajudar a tornar o tênis possível, um passo que inicialmente deu medo em mim e em Nancy. Desde o AVC, os movimentos da mão direita de Eric são extremamente limitados, então ele só tem uso total da mão esquerda. Mas, para jogar tênis, ele teria de usar a mão esquerda boa para segurar a raquete. Qual foi a solução de Fernando? Ele esperou até que Nancy e eu estivéssemos fora da cidade e mudou os controles da cadeira de rodas de Eric para sua mão ruim. Não achamos que isso fosse possível, mas era. Eric agora pilota com a mão direita, e assim que estiver pronto, vai começar a jogar tênis. Eric também faz outras coisas que simplesmente nos deixam boquiabertos. Por exemplo, ele trabalha no escritório, e vai dormir sozinho de noite. Mas isso não é nada comparado a alguns de seus objetivos: um dia Eric quer dirigir. A mentoria e o treinamento de Fernando com Eric têm sido fantásticos. Sempre quisemos o melhor para Eric, mas descobrimos que estávamos apenas protegendo-o. Todo o processo nos engrandeceu e ampliou nossos horizontes. E, é claro, é incrível vê-lo crescer e mudar como vem acontecendo. Mas ele, Nancy e eu não estamos sozinhos. Até mesmo o engrandecedor engrandeceu. Fernando está mudando e crescendo também. Ele sempre foi o profissional perfeito, mas agora estamos vendo um lado mais macio e amoroso que estava escondido anteriormente. Recentemente ele disse a Nancy: "Estou aprendendo que tenho mesmo que dar alegria para ter alegria na minha vida."

O que o filósofo e poeta norte-americano do século XIX, Ralph Waldo Emerson, disse é verdadeiro: "É uma das compensações mais lindas desta vida que nenhum homem pode sinceramente tentar ajudar o próximo sem se ajudar." Se você se doar para engrandecer os outros e os ajudar a atingir seu potencial, as recompensas que você colherá serão quase tão grandes quanto as das pessoas que você ajuda.

Checklist da influência
Engrandecendo as pessoas

■ **Quem você vai engrandecer?** Escreva os nomes dos três principais candidatos para você engrandecer. Lembre-se de escolher pessoas cuja filosofia de vida seja similar à sua, em cujo potencial você acredite, cuja vida você possa positivamente impactar, e que estejam prontas para o processo.

1. _____
2. _____
3. _____

■ **Agenda do engrandecimento.** Use a planilha seguinte para desenvolver sua estratégia a fim de engrandecer as três pessoas que você escolheu:

	Pessoa 1	Pessoa 2	Pessoa 3
Nome	_____	_____	_____
Potencial	_____	_____	_____
Paixão	_____	_____	_____
Ponto forte no caráter	_____	_____	_____
Maior ponto forte	_____	_____	_____
Próximo passo em desenvolvimento de recursos	_____	_____	_____
Necessidade atual	_____	_____	_____
Próxima experiência de engrandecimento	_____	_____	_____

Capítulo 7

Uma pessoa de influência...

Conduz outras pessoas

Multiplicar

Orientar — *Conduzir*

Motivar

Modelar

Ajudar as pessoas a se engrandecerem e desenvolverem seu potencial torna possível para elas ir a um novo nível de vida. Mas, independentemente de quanto elas cresçam e aprendam, ainda enfrentarão obstáculos. Elas cometerão erros. Encontrarão problemas em sua vida pessoal e profissional. E se depararão com circunstâncias que não conseguirão superar bem sem alguma ajuda.

John conta uma história sobre a vez em que decidiu ajudar todos os passageiros de um avião a superarem um dia difícil juntos.

Eu viajo muito por causa das palestras que faço pelo país, e às vezes isso me leva a situações inusitadas. Eu me lembro de uma noite em particular em que estava no aeroporto em Charlotte, Carolina do Norte, me preparando para voar para Indianápolis, Indiana. Estava ao telefone até o último minuto, e então corri para meu portão e me encontrei com Dick Peterson, presidente da INJOY, esperando mergulhar dentro do avião antes que as portas se fechassem. Mas, para minha surpresa, a área de espera tinha cerca de cinquenta ou sessenta pessoas cabisbaixas.

Olhei para Dick e perguntei:

— O que está acontecendo?

— Bem — disse Dick —, parece que não vamos voar por enquanto.

— Qual é o problema? — perguntei.

— Não sei — respondeu.

Então fui falar com o agente no portão, e ele me disse:

— Os comissários de bordo ainda não estão aqui, e não podemos deixar ninguém embarcar até que eles cheguem.

Então ele anunciou a mesma coisa pelo sistema de som, e eu vi todo mundo na área de espera murchar. Eles pareciam muito infelizes.

Eu olhei para Dick e disse:

— Quer saber? Vamos ver se conseguimos ajudar essas pessoas.

Então fomos para a lanchonete ali perto e eu disse à Denise, atendente do local:

— Eu gostaria de sessenta refrigerantes, por favor.

Ela ficou olhando para mim por um momento e finalmente disse:

— Você quer sessenta?

Então eu expliquei a ela:

— Existem vários passageiros no próximo portão que estão desapontados e precisam de alguma coisa para animá-los.

— Você não está brincando? Vai comprar um para cada um? — perguntou.

— Pode apostar.

Ela parou por um momento e perguntou:

— Posso ajudar?

Denise, Dick e eu levamos as bebidas para as pessoas no portão, e dava para ver que elas não sabiam o que pensar. Então eu disse: "Posso ter a atenção de vocês, por favor? Meu nome é John Maxwell. Já que só vamos sair em de trinta a quarenta e cinco minutos, pensei em pelo menos pegar algo para vocês beberem. É por conta da casa."

Começamos a distribuir os refrigerantes, e dava para ver que eles estavam me achando esquisito. O pessoal da companhia aérea também. Mas depois de um tempo, comecei a me entender bem com eles, e quando eles descobriram que os comissários de bordo estavam em terra e logo estariam no portão, eu finalmente consegui convencê-los a nos deixar embarcar.

Assim que todos subimos no avião, eu vi uma grande cesta de amendoim, barras de cereal e outras coisas na cozinha, e pensei comigo mesmo: Ei, eles deveriam comer alguma coisa com esse refrigerante. Então atravessei o corredor distribuindo as guloseimas. Em apenas cinco minutos eu tinha servido a todos alguma coisa para comer, e eles estavam bebendo e comendo. A essa altura a tripulação embarcou correndo. Estavam se desculpando. Ligaram o sistema de som imediatamente e disseram: "Senhoras e senhores, partiremos logo. Assim que pudermos, começaremos a servir as bebidas."

Bem, eles ouviram muitos risos e vozes na cabine, e um dos comissários perguntou ao outro:"O que está acontecendo?"

"Oi, meu nome é John", eu disse. "Eles não estão tão preocupados com o seu serviço agora. Já dei a todos algo para beber e alguns petiscos. Na verdade, tudo bem se eu falar com todo mundo por um momento?" Eles riram e disseram:"Claro, por que não?"

Ao taxiarmos para a pista, eles me deixaram falar. "Oi, pessoal", eu disse. "Aqui é seu amigo, John Maxwell. Favor apertarem os cintos de segurança, decolaremos em alguns instantes, e assim que estivermos no ar eu voltarei para servi-los."

Divertimo-nos muito naquele voo. Conversei com todo mundo e ajudei a servir as bebidas. Quando aterrissamos, eu perguntei se poderia falar uma última vez. "Galera", eu disse, "aqui é o John. Estou muito feliz por vocês estarem neste voo hoje. Não nos divertimos?" Todo mundo bateu palmas e deu vivas. "Agora, quando sairmos, vou descer até a área da esteira de bagagens. Se algum de vocês tiver algum problema, me procure, por favor, e imediatamente cuidaremos da situação."

Quando eu estava na área das bagagens ajudando as pessoas a encontrarem suas malas, um homem veio até mim e disse:

— Foi ótimo. Sou da Flórida, e tenho algumas toranjas comigo. Aqui, tome uma toranja.

— Muito obrigado — disse eu. — Sabe, tenho um irmão que mora na Flórida — em Winterhaven.

— É onde eu moro! — disse ele. — Qual é o seu nome mesmo? John Maxwell? Espere! O nome do seu irmão é Larry e da esposa é Anita?

— Isso mesmo.

— Eu os conheço! — disse ele. — Anita trabalha comigo. Vou ligar para eles agora mesmo. Eles não vão acreditar.

— Ele correu para o telefone. — Eu viajo há anos — disse — e nunca aconteceu nada assim antes!

O que poderia ter sido uma viagem horrorosa com pessoas cansadas e mal-humoradas, acabou sendo uma experiência que ninguém naquele voo jamais vai esquecer. Por quê? Porque uma pessoa decidiu tomar os outros sob sua asa e ajudá-los durante uma situação potencialmente desagradável. É um processo que chamamos de *condução*.

A maioria das pessoas precisa de ajuda para passar por algumas das dificuldades da vida. O voo provavelmente não foi mais do que uma inconveniência para a maioria daqueles passageiros, mas ainda assim eles gostaram de ser guiados por alguém com uma boa atitude. Esse tipo de assistência é necessário e valorizado pela maioria das pessoas, principalmente quando os problemas da vida chegam perto de casa, e as pessoas têm dificuldades em lidar com eles.

Uma pessoa conhecida por tentar ajudar as pessoas com seus problemas é Ann Landers. Falando sobre o que ela aprendeu com as pessoas por meio das cartas que recebe para sua coluna, Ann disse:

> *Já aprendi muito — incluindo, o que é mais significativo, o que Leo Rosten tinha em mente quando disse: "Cada um de nós é um pouco solitário, no fundo, e berra por compreensão." Aprendi como é com as pessoas em apuros e torturadas neste mundo que não têm ninguém com quem conversar. O fato de que a coluna tem sido um sucesso realça, pelo menos para mim, a tragédia central de nossa sociedade, a desconexão, a insegurança, o medo que atormenta, mutila e paralisa tantos de nós. Aprendi que o sucesso financeiro, as conquistas acadêmicas e o status social ou político não abrem portas para a paz de espírito ou segurança interior. Todos somos nômades, como ovelhas, neste planeta.*[1]
> *As pessoas nas quais você exerce influência precisam de sua ajuda, principalmente as que estão tentando ir a um novo nível, começar uma nova empreitada ou entrar em uma nova fase da vida. Elas precisam de alguém que as lidere e*

as guie. Mel Ziegler, fundador da Banana Republic, esboçou a habilidade de conduzir de um líder quando escreveu: "Um líder descobre o abismo oculto entre onde as coisas estão e onde elas deveriam estar, e constrói uma ponte provisória para tentar a travessia. Do outro lado ele guia os que ousam fazer a travessia perigosa até que os engenheiros possam construir um caminho mais sólido para todos."[2]

Um líder é uma pessoa que vê mais do que os outros veem, que enxerga mais longe que os outros, e antes que os outros enxerguem. — Leroy Eims

Ziegler pintou uma imagem vívida. Mas, para a maioria das pessoas, a liderança de que precisam não é simplesmente um evento pontual, um único abismo a cruzar. A maioria das pessoas precisa de orientação continuamente até que elas possam organizar sua vida, e depois elas podem ser encorajadas para fazer a jornada com as próprias pernas. É mais como uma viagem pelo oceano por meio da qual você tem de conduzi-las do que um abismo que você tem de convencê-las a atravessar. Você tem de ajudá-las a se encontrar, ver os icebergs e sobreviver a mares tempestuosos, e você deve fazer a viagem com elas — pelo menos até que estejam no curso certo e possam se conduzir sozinhas.

UM CONDUTOR IDENTIFICA O DESTINO

Um bom condutor ajuda as pessoas a identificar seu destino. Em *Be the Leader You Were Meant to Be* [Seja o líder que você nasceu para ser], Leroy Eims escreveu: "Um líder é uma pessoa que vê mais do que os outros veem, que enxerga mais longe que os outros, e antes que os outros enxerguem." No capítulo anterior, conversamos sobre a importância de lançar uma visão do futuro das pessoas para que elas fiquem encorajadas a crescer. O próximo passo é mostrar a elas seu destino de uma forma mais concreta. A maioria das pessoas que está insatisfeita e desanimada se sente assim porque não obtiveram uma visão para si. Já foi dito: "Enterrar nossos sonhos é enterrar a nós mesmos, pois somos 'matéria-prima dos sonhos'. O sonho de Deus para nós é que atinjamos nosso potencial." Você tem de ajudar os outros a descobrir seus sonhos e então fazer com que caminhem nessa direção. Se não houver movimento, então não pode haver condução. E qualquer movimento terá progresso apenas se for na direção do destino.

Você já pode reconhecer muito do potencial das pessoas que está tentando orientar, mas precisa saber mais sobre elas. Para ajudá-las a reconhecer o destino que tanto buscam, você precisa saber o que realmente importa para elas, o que as motiva. Para fazer isso, descubra estas coisas:

- *Pelo que elas choram?* Para saber aonde as pessoas realmente querem ir, você precisa saber o que toca o coração delas. A paixão e a compaixão são motivadores convincentes. Já foi dito que grandes homens e mulheres da história foram grandes não pelo que possuíam ou ganharam, mas pelo que deram em sua vida para conquistar. Ouça com seu coração e você deve descobrir as coisas pelas quais os outros estão dispostos a se dar.

- *Pelo que elas cantam?* Frank Irving Fletcher observou: "Nenhum homem pode obter sucesso se seu coração estiver mais pesado que sua carga." Há uma grande diferença entre as coisas que tocam o coração das pessoas e as coisas que as puxam para baixo. No fim das contas, as pessoas precisam concentrar muita energia no que lhes dá alegria. Procurar entusiasmo nas pessoas que você orienta lhes dará outra pista em relação ao destino desejado.

- *Pelo que elas sonham?* Napoleon Hill disse: "Trate com carinho suas visões e seus sonhos, pois eles são os filhos da sua alma; o projeto das suas conquistas definitivas." Se você puder ajudar as pessoas a descobrir seus sonhos e realmente acreditar neles, poderá ajudá-las a se tornarem as pessoas que elas foram feitas para ser.

UM CONDUTOR DELINEIA O CURSO

Quando você pensa nas paixões, no potencial e na visão das pessoas, consegue ver melhor aonde elas realmente querem ir porque você as vê com mais profundidade e discernimento. Muitas vezes, as pessoas dizem que seu objetivo é a felicidade ou o sucesso, mas se identificarem uma coisa tão superficial como seu destino, certamente ficarão desapontadas. Como John Condry enfatizou, "a felicidade, a riqueza e o sucesso são subprodutos de se estabelecer a meta; eles não podem ser a meta em si".

Uma vez que você, como condutor, ajuda as pessoas a identificarem uma visão para sua vida, precisa ajudá-las a dar um jeito de torná-la realidade. E isso significa delinear um curso e estabelecer metas. J. Meyers disse: "Um lápis n.º 2 e um sonho podem levá-lo a qualquer lugar." Sem dúvida ele entendia o valor de planejar e pôr as metas por escrito. Isso não significa que as coisas sempre ocorrem como esperado, mas você tem de começar com uma estratégia. Uma boa tática é estabelecer suas metas no concreto e escrever seus planos na areia.

Para ajudar as pessoas a delinear seu curso, preste atenção às seguintes áreas.

Aonde elas precisam ir

Você ficaria surpreso em saber como as pessoas podem se desviar quando tentam atingir suas metas. Como E. W.

Howe escreveu em *Success Is Easier Than Failure* [O sucesso é mais fácil que o fracasso], "Algumas pessoas lutam contra Alpes imaginários por toda a vida, e morrem ao sopé das montanhas praguejando contra dificuldades que não existem." As pessoas que ainda não experimentaram o sucesso, muitas vezes não têm ideia do que é preciso para ir de onde estão para onde querem ir. Elas se atiram em um labirinto de atividade porque não reconhecem que podem pegar um caminho mais fácil. Como condutor, você deve mostrar a elas o melhor caminho.

O que elas precisam saber

Ouvimos uma história divertida sobre um marido que queria ajudar sua esposa porque suspeitava que ela estava ouvindo mal. Certa vez, ele se posicionou do lado oposto a ela na sala, com a mulher de costas para ele, e disse baixinho: "Está me ouvindo?" Como não obteve resposta, chegou mais perto e repetiu: "Está me ouvindo agora?" Nada ainda. Chegou mais perto e perguntou: "Está me ouvindo?" Não ouviu resposta; então finalmente repetiu a pergunta diretamente de trás dela. Ela se virou de frente para ele e disse: "Pela quarta vez, *sim!*"

Muitas pessoas por aí são parecidas com esse marido. Querem vencer e ajudar os outros, mas a falta de compreensão e de conhecimento o impedem. Um bom condutor reconhece os pontos cegos nos outros, gentilmente os identifica e ajuda as pessoas a superá-los.

Como elas precisam crescer

Quando estiver conduzindo as pessoas, lembre-se de que elas não podem fazer toda a viagem em um dia. Elas têm de crescer na direção de seus objetivos e fazer as coisas um passo de cada vez. Uma experiência executada por Alfred

J. Marrow, um presidente de empresa com doutorado em psicologia, ilustrou esse fato. Ele estava interessado em encontrar uma maneira de ajudar os novos e inexperientes empregados a atingir o desempenho ótimo e corresponder aos padrões de seus empregados competentes e experientes o mais rápido possível.

Marrow decidiu dividir alguns novos empregados em dois grupos. Com o primeiro, ele pediu que os empregados inexperientes correspondessem à produção dos experientes ao fim de doze semanas. Com o segundo grupo, estabeleceu metas semanais. A meta de cada semana era um pouco mais ambiciosa do que a da semana anterior.

"Um lápis n.º 2 e um sonho podem levá-lo a qualquer lugar."
— J. Meyers

No primeiro grupo da meta única, apenas 66% dos empregados conseguiram corresponder a suas expectativas. Mas o segundo grupo das metas intermediárias obteve um desempenho significativamente melhor e conseguiu corresponder às médias de produção dos trabalhadores experientes mais rápido.[3]

Ao trabalhar com as pessoas, ajude-as a descobrir não só seu destino de longo prazo, mas também os passos menores ao longo do caminho. Ajude-as a identificar metas atingíveis que lhes darão confiança, e elas progredirão.

UM CONDUTOR PENSA ADIANTE

Poucas coisas são mais desanimadoras do que ser pego de surpresa, principalmente quando alguém que poderia tê-lo ajudado fica parado observando isso acontecer. É por isso que pensar adiante é parte de sua tarefa como condutor.

Como líder e mentor de pessoas, você já esteve em lugares que elas ainda não foram, teve experiências que elas ainda não tiveram, e ganhou *insights* que elas ainda não desenvolveram. Você tem a habilidade de prepará-las para o que vão enfrentar. Se não o fizer, não as está ajudando como deveria, e não está mais desempenhando uma de suas funções mais importantes como líder. O humorista norte-americano Arnold H. Glasow viu o valor disso: "Um dos testes da liderança é reconhecer um problema antes que se torne uma emergência." Isso é algo que as pessoas menos experientes que você está ajudando não podem fazer sozinhas, em princípio.

Aqui estão quatro coisas que você deve ajudá-las a entender enquanto se preparam:

1. Todo mundo tem problemas

Alguém gracejou: "Se você mantiver a cabeça no lugar quando todos ao seu redor a estão perdendo, é porque você não está entendendo o problema." Ao orientar as pessoas e ajudá-las a crescer, pode ser que você descubra que elas esperam um dia chegar ao ponto em sua vida em que todos os seus problemas desaparecerão. Mas elas precisam perceber que todo mundo tem problemas. Não importa quão longe elas vão ou quanto sucesso obtenham, elas continuarão a enfrentar dificuldades. Ou como o escritor e advogado dos artistas Elbert Hubbard disse: "O homem que não tem mais problemas para resolver está fora do jogo."

O Barna Research Group entrevistou mais de mil e duzentas pessoas para reunir informações sobre os problemas que elas enfrentavam. Foi-lhes pedido que identificassem a necessidade ou o problema mais sério. Aqui estão suas respostas junto com a porcentagem das pessoas que julgaram os problemas como mais sérios:

39% Financeiro
16% Relacionado ao trabalho
12% Saúde pessoal
8% Tempo e estresse
7% Cuidar dos filhos
6% Conquistas educacionais
3% Medo do crime
3% Relacionamentos pessoais[4]

Como você pode ver, as pessoas enfrentam uma variedade de problemas, sendo o maior deles com dinheiro. Esteja preparado para lhes dar assistência. E lembre-se de resolver suas questões antes de tentar ajudar as pessoas com as delas.

2. Pessoas de sucesso enfrentam mais problemas do que pessoas sem sucesso

Outra ideia comum muito errada é que as pessoas de sucesso o conseguiram porque não tinham problemas. Em seu livro *Holy Sweat* [Suor sagrado], Tim Hansel conta esta história:

Em 1962, Victor e Mildred Goertzel publicaram um estudo revelador de 413 pessoas famosas e excepcionalmente talentosas. O estudo se chamou Cradles of Eminence *[Berços da eminência]. Esses dois pesquisadores passaram anos tentando entender a fonte da grandeza dessas pessoas, o traço em comum que existia na vida de todas essas pessoas fenomenais. O fato mais fantástico foi que quase todas elas, 392, tinham superado obstáculos muito difíceis para se tornarem quem eram. Seus problemas se tornaram oportunidades em vez de obstáculos.[5]*

Não só as pessoas superam obstáculos para obterem sucesso, mas mesmo depois de terem obtido um nível de sucesso, continuam a enfrentar problemas. A má notícia é que quanto mais alto as pessoas vão — pessoal e profissionalmente — mais complicada fica a vida. Os prazos ficam mais apertados, aumentam as questões de dinheiro, e mais exigências são postas sobre pessoas de sucesso. Mas a boa notícia é que se elas continuarem a crescer e se desenvolver, sua habilidade de lidar com os problemas também aumentará.

3. O dinheiro não resolve os problemas

Outra crença enganosa é que o dinheiro resolve todos os problemas. O contrário é verdadeiro — as pessoas com dinheiro tendem a ser menos satisfeitas e têm problemas adicionais. Por exemplo, Ernie J. Zelinski cita uma pesquisa recente mostrando que há mais pessoas insatisfeitas com sua renda entre as que ganham mais de R$ 6.250 do que entre as que ganham menos que isso. Ele também realçou:

> *Uma porcentagem maior dos ricos tem problemas de álcool e drogas do que a população geral. Eu tenho uma teoria sobre como ficaremos com muito dinheiro. Se somos felizes e lidamos bem com os problemas quando ganhamos R$ 2.000 por mês, seremos felizes e lidaremos bem quando tivermos muito mais dinheiro. Se somos infelizes e não lidamos bem com os problemas com R$ 2.000 por mês, podemos esperar o mesmo de nós com muito dinheiro. Ficaremos tão infelizes quanto agora e lidaremos com os problemas da mesma forma ineficaz, mas com mais conforto e estilo.*[6]

O ponto principal é que você deve tentar ajudar as pessoas a entender que o dinheiro não é substituto para as habilidades básicas de resolução de problemas que elas precisam desenvolver. Os problemas financeiros geralmente são sintomas de outros problemas pessoais.

4. Problemas fornecem uma oportunidade para o crescimento

Ao olhar adiante e ajudar as pessoas, perceba que embora os problemas possam causar dor, eles também dão uma oportunidade excelente para o crescimento. Ou como definiu a escritora Nena O'Neill, "de toda crise vem a chance de se renascer".

As pessoas de Enterprise, Alabama, entendem essa ideia. Nessa cidade há um monumento para o inseto bicudo do México, erigido em 1919. A história por trás disso é que em 1895 ele destruiu a maior cultura do condado, o algodão. Depois do desastre, os fazendeiros locais começaram a diversificar, e a cultura de amendoim de 1919 excedeu em muito o valor de até mesmo as melhores temporadas do algodão. No monumento estão as seguintes palavras: "Em profunda apreciação pelo bicudo e pelo que ele fez como arauto da prosperidade... De uma hora de dificuldade e crise veio um novo crescimento e sucesso. Da adversidade veio a bênção."

Como você certamente observou, nem todo mundo aborda os problemas da vida da mesma forma. O historiador Arnold Toynbee acreditava que todas as pessoas reagem com uma de quatro maneiras sob circunstâncias difíceis:

1. Recorrer ao passado
2. Sonhar com o futuro
3. Recorrer ao seu interior e esperar alguém resgatá-lo
4. Enfrentar a crise e transformá-la em algo útil

Ao ajudar as pessoas, diga a elas que poderá haver águas agitadas adiante. Mostre a elas que é sábio planejar com antecedência da melhor forma possível. E, quando os problemas aparecerem, encoraje-as a enfrentá-los e tentar ser melhores como resultado disso.

UM CONDUTOR FAZ CORREÇÕES NO CURSO

Já ouvimos que, muito antes do tempo dos sofisticados equipamentos eletrônicos de navegação, o condutor do navio costumava ler as estrelas em certa hora no meio da noite, o que determinava quão afastado do curso estava o navio, e fazia os ajustes. Não importava quão precisamente tivesse sido planejado o curso original ou com quanto cuidado o timoneiro tivesse seguido suas ordens, o navio sempre saía do curso e precisava de ajustes.

As pessoas são da mesma forma. Não importa quão concentradas estejam ou quão bem planejem, as pessoas ainda sairão do curso. O problema vem quando elas têm dificuldade de fazer correções ao curso — ou porque não sabem que estão fora do curso ou porque não sabem o que deveriam fazer para consertar tudo. Nem todo mundo é um resolvedor de problemas nato. Para a maioria das pessoas, essa é uma habilidade que elas devem aprender. John Foster Dulles, secretário de estado durante a administração de Eisenhower, propôs que "a medida de sucesso não é se você tem um problema difícil para lidar, mas se é o mesmo problema que você teve no ano passado." Como condutor, você pode ajudar as pessoas a evitar essa situação.

Ensine-lhes a não ouvirem críticas duvidosas

No livro *Principle-Centered Leadership* [Liderança com princípios], Stephen Covey conta como Colombo certa vez foi convidado para um banquete no qual recebeu o lugar de honra à mesa. Um cortesão comum, que tinha inveja dele, perguntou abruptamente:

— Se você não tivesse descoberto as Índias, não existem outros homens na Espanha que teriam sido capazes da empreitada?

Colombo não respondeu, mas pegou um ovo e convidou a todos que o fizessem ficar de pé. Todos tentaram fazê-lo, mas ninguém conseguiu. Depois, o explorador bateu levemente com ele sobre a mesa, amassando um lado, e o deixou em pé.

— Todos nós poderíamos tê-lo feito assim! — gritou o cortesão.

— Sim, se você soubesse como — respondeu Colombo.

— E uma vez que eu lhe mostrei o caminho para o Novo Mundo, nada mais fácil do que segui-lo.

Quando você estiver conduzindo os outros, lembre-se de que eles não podem fazer toda a viagem em um só dia.

A verdade é que é cem vezes mais fácil criticar os outros do que encontrar soluções para os problemas. Mas a crítica não o leva a lugar algum. Alfred Armand Montapert resumiu assim: "A maioria vê os obstáculos; os poucos veem os objetivos; a história registra os sucessos dos últimos, enquanto o esquecimento é a recompensa dos primeiros." Ajude as pessoas dentro de sua influência a ignorar os críticos e manter os olhos no todo. Mostre a eles que a melhor maneira de silenciar os críticos é resolver o problema e seguir adiante.

Treine-os para não ficarem sobrecarregados com os desafios

Um jogador novato da liga profissional de beisebol enfrentou o arremessador Walter Johnson pela primeira vez quando Johnson estava em sua melhor forma. O rebatedor tomou dois pontos rápidos e foi para o banco. Ele disse ao juiz que ficasse com o terceiro lançamento — ele já tinha visto o bastante.

Ao se deparar com problemas difíceis, a maioria das pessoas pode ficar desanimada. É por isso que é uma boa ideia treinar as pessoas por meio dos problemas delas, principalmente no começo do processo de mentoria, enquanto você ainda as está ajudando a se conduzir. Encoraje-as a manter uma atitude positiva e dê-lhes estratégias para resolução de problemas.

O especialista em gerenciamento Ken Blanchard recomenda um processo de resolução de problemas em quatro passos que inclui: (1) pensar no problema para especificá-lo, (2) formar teorias para resolvê-lo, (3) prever as consequências de executar as teorias e (4) escolher qual método usar com base no todo. Blanchard diz: "Quer você escolha suas férias ou um marido ou uma esposa; uma festa ou um candidato; uma causa com a qual contribuir ou um credo pelo qual viver; pense!" Não há problemas impossíveis. O tempo, o pensamento e uma atitude positiva podem resolver quase qualquer coisa.

Encoraje-os a buscar soluções simples

Existem algumas chaves para o método mais eficaz de resolução de problemas. A primeira é reconhecer que a maneira simples de se resolver um problema é melhor do que a mais inteligente. Um exemplo da vida de Thomas Edison ilustra bem essa questão. Diz-se que Edison tinha uma maneira única de contratar engenheiros. Ele dava ao candidato uma lâmpada e perguntava: "Quanta água ela comporta?" Havia duas formas que os engenheiros geralmente usavam para resolver o problema. A primeira forma era usar réguas para medir todos os ângulos da lâmpada, e depois usar esses números para calcular a superfície. Essa abordagem às vezes levava até vinte minutos. A segunda forma era encher a lâmpada com água e derramar seu conteúdo em uma xícara de medida, o que levava cerca de um minuto.[7] Edison nunca contratava os engenheiros que usassem o primeiro método. Ele não queria que os engenheiros o impressionassem — ele queria que eles fornecessem resultados simples.

O segundo elemento na resolução eficaz de problemas é a habilidade de tomar decisões. Thomas J. Watson Jr., antigo presidente da IBM, acreditava que resolver problemas de forma rápida era essencial para progredir. "Resolva-o", declarou. "Resolva-o rápido, resolva-o certa ou erradamente. Se você o resolver de forma errada, ele voltará e lhe dará um tapa na cara, e então você pode resolvê-lo da forma certa. Ficar boiando na água sem fazer nada é uma alternativa confortável porque é sem riscos, mas é um jeito absolutamente fatal de se gerir um negócio." E também é uma maneira terrível para as pessoas administrarem sua vida. Ajude as pessoas a perceber quando precisarem fazer ajustes ao curso, encontrar soluções simples que acreditem que vão funcionar e então executá-las sem demora. Não deixe que continuem a viajar para fora do curso por muito tempo.

Instile confiança nelas

Um abismo ao ajudar os outros com seus problemas e erros é que eles podem duvidar de si mesmos. Encoraje continuamente as pessoas que você ajudar. George Matthew Adams disse: "O que você pensa significa mais do que qualquer outra coisa na sua vida. Mais do que quanto você ganha, mais do que onde você mora, mais do que sua posição social, e mais do que qualquer outra pessoa possa pensar de você." O tamanho das pessoas e a qualidade de sua atitude são mais importantes do que o tamanho de qualquer problema que possam enfrentar. Se elas permanecerem confiantes, poderão superar qualquer obstáculo.

UM CONDUTOR FICA COM AS PESSOAS

Finalmente, um bom condutor faz a viagem com as pessoas que está guiando. Ele não dá as direções e depois vai embora. Ele viaja junto, como amigo. O escritor e conferencista Richard Exley explicou sua ideia de amizade desta forma: "Um amigo de verdade é aquele que ouve e entende quando você compartilha seus sentimentos mais profundos. Ele o apoia quando você está com problemas; ele o corrige, de forma gentil e amorosa, quando você erra; e o perdoa quando você fracassa. Um amigo de verdade o incita ao crescimento pessoal, eleva-o até seu potencial total. E, o mais incrível de tudo, comemora seus sucessos como se fossem dele."

Ao viajar ao lado de algumas pessoas dentro da sua influência e as orientar, você e elas podem experimentar momentos difíceis juntos. Você não será perfeito, e nem elas, mas simplesmente lembre-se das palavras de Henry Ford: "Seu melhor amigo é aquele que traz à tona o melhor em você." Faça seu melhor para seguir esse objetivo, e você ajudará muitas pessoas.

Depois que as pessoas aprendem a se tornar resolvedoras eficazes de problemas e puderem se conduzir sozinhas, a vida delas começa a mudar drasticamente. Elas não se sentirão mais impotentes face a circunstâncias difíceis. Aprenderão a viver com os golpes da vida — e até a se desviar de alguns. E depois que a resolução de problemas se torna um hábito, nenhum desafio parece grande demais.

Jim é um excelente pensador e resolvedor de problemas. Já conduziu pessoas por algumas situações bem interessantes ao longo dos anos. Recentemente ele contou uma história de que você sem dúvida vai gostar:

Uns dois anos atrás, quando Nancy e eu estávamos realizando um seminário de negócios a bordo de um grande cruzeiro pelo Caribe, fomos chamados para uma importante reunião de negócios em Michigan. Não era problema chegar à reunião porque já tínhamos arranjado de nos pegarem em um jato particular no aeroporto de San Juan, Porto Rico. Mas sair de Michigan e voltar acabou sendo outra história.

Nosso plano era retornar no mesmo jato no dia seguinte e encontrar o navio em seu próximo porto. Dali o navio retornaria para Miami, e continuaríamos realizando nosso seminário. Mas em Michigan, quando íamos partir, nossa aeronave apresentou um problema e teve de retornar para o hangar. Isso causou uma dificuldade séria para nós. Não havia voos comerciais para nosso destino, nem nenhum avião particular com alcance suficiente para nos deixar em St. Martin, que é cerca de dois mil e quatrocentos quilômetros da costa da Flórida.

Perder o seminário simplesmente não era uma opção para nós, então procuramos outras possibilidades. O melhor que podíamos fazer era tomar um jato particular disponível para Atlanta e tentar encontrar outro avião que nos levasse pelo resto do caminho.

Quando pousamos em Atlanta, tínhamos conseguido outro avião, e ele já estava pronto e esperando por nós. Assim que nosso avião parou, juntamos nossas coisas e corremos para o outro jato. Você pode imaginar como ficamos aliviados de embarcar e decolar.

Não fazia muito tempo que havíamos decolado quando descobrimos que nosso voo nos deixaria na ilha exatamente quinze minutos depois que o navio estava agendado para partir. "Temos que fazer com que atrasem o navio", eu disse.

O piloto começou a trabalhar no problema via rádio e conseguiu contatar o capitão do navio do cockpit. Ele concordou com um atraso de vinte minutos. Então o piloto trabalhou para nos passar rápido pela alfândega.

*E quando recebemos a notícia de que conseguiríamos,
começamos a ficar otimistas.*

*Corremos para o primeiro táxi que conseguimos encontrar
e partimos, mas quase imediatamente pegamos um
engarrafamento enorme.*

— Qual a distância para o navio? — perguntou Nancy.

— Do outro lado da ilha — respondeu o motorista.

— Quanto tempo isso vai levar?

— Quinze, talvez vinte minutos.

*— Precisamos chegar em menos de dez — disse eu,
oferecendo a ele uma gorjeta muito boa.*

*Ele olhou para mim, olhou para o dinheiro e disse: "Sim,
senhor." Subiu a calçada com o carro e fez uma curva
rápida em uma via. Passamos por cima de meios-fios,
passamos por sinais vermelhos e corremos muito pelas
vielas e ruas secundárias. Sentimos como se estivéssemos
na Mr. Toad's Wild Ride, na Disneylândia. Parecia que
estávamos vendo os fundos de todos os prédios na ilha.
Mas então passamos por uma abertura estreita entre dois
prédios e de repente viramos na direção do sol em um
pier — e o navio estava à vista, a buzina sinalizando sua
partida iminente.*

*Ao frearmos bruscamente na beira do pier, corremos para
fora do táxi. Foi aí que começamos a ouvir os aplausos.
Evidentemente, as pessoas no navio tinham ouvido que
estávamos lutando para voltar a tempo para eles.*

*E quando finalmente tivemos um segundo para olhar para
cima, pudemos ver mais de quinhentas pessoas no convés
aplaudindo e comemorando nossa chegada.*

— Quem são vocês afinal? — perguntou nosso motorista.

Eu simplesmente entreguei o dinheiro a ele e disse:

— Obrigado pela sua ajuda.

*Então Nancy e eu corremos para a passarela. Não tinha
sido fácil, mas tínhamos conseguido.*

A capacidade de conduzir através dos problemas e superar obstáculos é uma habilidade que qualquer pessoa pode
aprender, mas requer prática. Se Jim e Nancy tivessem

enfrentado a mesma situação vinte anos antes, provavelmente não teriam conseguido chegar àquele navio. Mas ao longo dos anos eles desenvolveram uma habilidade incrível de fazer as coisas acontecerem, não só em sua vida, mas também na vida das outras pessoas.

Você pode ter essa mesma habilidade. Torne-se um condutor na vida das outras pessoas. Você poderá usar sua influência para ajudá-las a subir ao próximo nível, e se você ajudá-las durante seus momentos mais sombrios, terá nelas amigos para toda a vida.

Checklist da influência
Conduzindo outras pessoas

- **Identifique o destino delas.** Pense nas três pessoas que você decidiu engrandecer. Quais são os destinos delas? Observe o que as faz chorar, cantar e sonhar. Escreva essas coisas aqui:

Pessoa 1: _____
Chorar: _____
Cantar: _____
Sonhar: _____

Pessoa 2: _____
Chorar: _____
Cantar: _____
Sonhar: _____

Pessoa 3: _____
Chorar: _____
Cantar: _____
Sonhar: _____

- **Olhe adiante.** Com base na sua experiência e no seu conhecimento dessas pessoas, liste as dificuldades que você acredita que elas podem enfrentar em um futuro próximo:

1._____
2._____
3._____

- **Planeje com antecedência.** Como você pode ajudá-las a se conduzirem por esses problemas potenciais? Escreva o que você pode fazer e quando deve fazê-lo.

1._____
2._____
3._____

Capítulo 8

Uma pessoa de influência...

Conecta-se com as pessoas

Multiplicar

Orientar — *Conectar*

Motivar

Modelar

Você já foi a um reencontro de família ou de escola? Pode ser divertido porque lhe dá uma chance de se conectar com pessoas que você não vê há muito tempo. John recentemente foi a um reencontro parecido, e se divertiu muito. Deixe que ele lhe conte esta história:

Meu primeiro emprego fora da faculdade em 1969 foi em uma pequena igreja em Hillham, Indiana. Eu fui o pastor sênior de lá por três anos. A igreja cresceu muito durante o curto período de tempo em que Margaret e eu estivemos lá, tanto que tivemos de construir um novo prédio para a igreja em 1971 a fim de comportar todas as pessoas. Lembramo-nos desses três anos como um período de crescimento crucial em nossa vida que realmente apreciamos e do qual nos beneficiamos.

Recentemente, recebi um telefonema dessa pequena igreja do interior. A pessoa ao telefone explicou muito animada que estavam se preparando para comemorar o aniversário de vinte e cinco anos do prédio que construímos. Eles estavam se preparando para ter um grande culto e convidar todo mundo para comemorar com eles. E então a pessoa do outro lado do telefone pausou e limpou a garganta, e finalmente perguntou:

— Sr. Maxwell, o senhor estaria disposto a voltar e conduzir aquele culto dominical para nós?

Eu adoraria voltar e pregar em seu culto — disse a ele.

— Seria uma honra. Simplesmente me diga quando e eu estarei lá.

Durante os meses seguintes, passei algum tempo pensando em como eu poderia tornar aquele aniversário um grande dia para eles. A última coisa que eu queria fazer era voltar como algum tipo de herói conquistador. Eu sabia que precisava encontrar maneiras de me conectar com eles.

A primeira coisa que eu fiz foi pedir que me mandassem uma cópia do catálogo da igreja com as fotos e nomes de todos em sua congregação. No livro estavam muitos rostos que eu reconhecia. Algumas pessoas tinham menos cabelo do que eu me lembrava, e muito desse cabelo estava branco agora, mas eu conhecia os rostos por trás daqueles vinte e cinco anos de rugas. E havia muitos outros que eram novos para mim. Filhos e filhas das pessoas que eu amava, e alguns novos nomes que eu não reconhecia. Passei muitas horas estudando aquelas fotos e decorando aqueles nomes.

Então, preparei a melhor mensagem que pude, cheia de histórias de nossas experiências em comum. Compartilhei alguns de meus erros e recontei todas as vitórias. Queria que eles soubessem que compartilhavam de meu sucesso. Eles tinham me criado, e eu me sentia muito privilegiado de tê-los servido por três anos e me beneficiei de seu apoio amoroso e carinho por mim.

Mas eu sabia que mais importante do que a mensagem que eu pregasse ou qualquer outra coisa que eu pudesse fazer seria o tempo que eu poderia ficar com as pessoas. Então, quando chegou a hora, Margaret e eu voamos para lá cedo, e passamos a tarde de sábado com algumas pessoas de antigamente que tinham sido uma parte tão vital de nosso ministério vinte e cinco anos antes. Compartilhamos muitas memórias maravilhosas. Conversei com eles sobre algumas das minhas memórias mais queridas, e eles me surpreenderam com algumas de suas histórias.

Por exemplo, havia um homem em uma cadeira de rodas que era adolescente quando eu era o pastor lá. Ele havia estado em um acidente que o deixara em coma. Eu o tinha visitado e a sua família várias vezes no hospital, e uma noite eu compartilhei minha fé enquanto ele estava inconsciente na cama. Deixei Hillham logo depois para ir para minha próxima igreja, e até minha visita de então eu não sabia que ele tinha acordado do coma.

—Você se lembra de ir para o hospital e conversar comigo vinte e cinco anos atrás? — perguntou ele.

— Claro que me lembro — respondi.

— Eu também — disse-me ele. — Eu me lembro muito claramente desse dia. Eu não podia responder a você, mas ouvi cada palavra que você disse. Foi nesse dia que passei a acreditar. E ele me disse sobre como sua fé tinha impactado outras pessoas na comunidade. Foi um momento muito especial.
No dia seguinte, cheguei cedo à igreja para cumprimentar as pessoas à medida que elas chegavam ao santuário. Foi maravilhoso encontrar tantas pessoas e poder cumprimentá-las pelo nome. E eu preguei uma mensagem de afirmação para elas. Mesmo eles tendo feito tantas coisas maravilhosas desde a última vez em que eu os tinha visto, disse a eles que podia ver que nos próximos vinte e cinco anos estava seu maior potencial. Seus melhores dias ainda estavam por vir. E, quando fui embora, senti como se tivesse não só renovado algumas amizades antigas, mas também tinha feito um monte de novos amigos.

O tempo que John passou com as pessoas em Hillham foi breve, mas ele conseguiu fazer algo que foi importante para eles e para ele. Ele conseguiu se conectar com eles.

CONECTAR-SE PERMITE AOS OUTROS VIAJAR PARA UM NÍVEL MAIS ELEVADO

A conexão é uma parte muito importante do processo de orientar os outros. E é absolutamente crítica se você quer influenciar as pessoas de forma positiva. Quando você conduz os outros, vai junto com eles e viaja na estrada deles por um tempo, ajudando-os a lidar com alguns dos obstáculos e dificuldades em sua vida. Mas quando você se conecta com eles, está pedindo que venham ao seu lado e viajem na sua estrada para benefício mútuo seu e deles.

Quando pensamos em nos conectar com as pessoas, comparamos isso a trens e o que acontece a eles em um pátio. Os carros parados nos trilhos têm muita coisa. Têm valor porque estão cheios de carga; têm um destino; e têm até mesmo uma rota por meio da qual chegar a seu destino. Mas não têm como chegar a lugar nenhum sozinhos. Para fazer qualquer coisa de valor, eles têm de se conectar a uma locomotiva.

Você já esteve em um pátio de trens e viu como peças que não têm nada a ver umas com as outras, desconexas, se juntam e formam um trem? É um processo e tanto. Tudo começa com a locomotiva. Primeiro, ela se liga ao mesmo par de trilhos do carro que vai pegar. Logo após, se move para onde o carro está, dá a ré até chegar a ele, faz contato com ele e se conecta. Depois que está conectado, juntos eles se movem em direção a seu destino.

Coisa semelhante deve acontecer antes que você consiga que as pessoas acompanhem você em uma jornada. Você tem de descobrir onde elas estão, se mover em direção a elas para fazer contato, e se conectar a elas. Se você puder fazer isso com sucesso, poderá levá-las a novas alturas em seu relacionamento e no desenvolvimento delas. Lembre, a estrada para o próximo nível é sempre uma subida, e as pessoas precisam de ajuda para conseguir chegar a esse nível mais elevado.

Nove passos para se conectar com as pessoas

Felizmente, você não precisa ser maquinista para se conectar com as pessoas, mas fazer a conexão acontecer requer esforço. Você precisará de habilidades de conexão, desejo de ajudar as pessoas a crescer e mudar, e um senso de missão ou objetivo pessoal — afinal de contas, você tem de saber aonde você vai levar as pessoas.

Dê uma olhada nos seguintes passos, e use-os para lhe ajudar a se conectar com as pessoas que você influencia.

1. Não tome as pessoas como certas

Você pode se conectar com as pessoas e guiá-las apenas se você as valorizar. Líderes fracos às vezes ficam tão absortos na visão de para onde estão indo que se esquecem das pessoas que estão tentando guiar. Mas você não pode tomar as pessoas como certas nem por um segundo sem sua liderança se despedaçar. E você não poderá se conectar com elas assim.

Uma história maravilhosa do antigo presidente da câmara dos Estados Unidos, Tip O'Neill, revela o que pode acontecer quando você toma as pessoas como certas. Ele disse que, em um dia de eleições, uma vizinha idosa veio até ele depois de sair das urnas e disse:

— Tip, eu votei em você hoje, mesmo sem você ter me pedido.

O'Neill ficou surpreso.

— Sra. O'Brien — disse ele —, eu conheço a senhora a minha vida inteira. Eu levava seu lixo para fora, aparava sua grama, tirava a neve para a senhora. Eu não pensei que precisasse pedir.

— Tip — disse ela em um tom maternal —, é sempre *bom* quando pedem.

O'Neill disse que nunca se esqueceu desse conselho.

Valorizar as pessoas é o primeiro passo no processo de conexão, mas tem benefícios adicionais. Quando você mostra às pessoas que não as toma como certas, elas retribuem e fazem o mesmo por você. John foi lembrado disso por seu amigo e colega Dan Reiland. John lhe contará a história:

Margaret e eu passamos um fim de semana prolongado com Dan e sua esposa, Patti, não muito tempo atrás. Dan trabalha comigo há quinze anos, primeiro como meu pastor executivo na Skyline Church, onde eu era o pastor sênior, e agora como vice-presidente da INJOY. Passamos o fim de semana em um resort em Laguna Beach. Foi maravilhoso. Curtimos a piscina e o spa, comemos refeições ótimas e nos divertimos muito juntos. Quando Margaret e eu estávamos fazendo o checkout, fui à recepção pagar a conta e descobri que Dan tinha chegado antes de mim e já tinha cuidado de tudo. Mais tarde, conversei com ele e disse: "Dan, você não precisava fazer aquilo. Eu queria pagar para você e Patti." "Não, John", disse Dan, "o prazer foi nosso. Você já faz tanto por nós; eu nunca quero tomá-lo como certo."

O amigo de John Bill McCartney, antigo treinador-chefe de futebol dos Colorado State Buffalos, disse: "Sempre que você desvaloriza as pessoas, questiona a criação de Deus." Nunca é alto demais ou público demais dizer às pessoas o quanto você as ama.

Você só se conecta com as pessoas e as lidera se as valorizar.

---

2. Tenha uma mentalidade de "faça a diferença"

Se você deseja conquistar algo grandioso e realmente quer vê-lo acontecer, precisa ter uma atitude de fazer a diferença. Sempre que não acreditar que pode fazer a diferença, não o fará. Como se cultiva uma sólida mentalidade de "faça a diferença"?

Acredite que você pode fazer a diferença. Todas as pessoas nesta terra — incluindo você — têm o potencial para fazer a diferença. Mas você só conseguirá se acreditar em si e estiver disposto a se dar aos outros. Como Helen Keller disse: "A vida é uma coisa excitante, e mais ainda quando vivida pelos outros." Você pode não conseguir ajudar todo mundo, mas certamente pode ajudar alguém.

Acredite que o que você compartilha pode fazer a diferença. Nós dois passamos uma grande parte de nossa vida nos conectando e nos comunicando com as pessoas. Impactamos mais de um milhão de pessoas todo ano. Se acreditássemos que o que compartilhamos não pode fazer a diferença, desistiríamos agora. Mas sabemos que podemos ajudar as pessoas a mudarem sua vida. Acreditamos que tudo tem a ver com a liderança. Estamos certos de que as atitudes das pessoas as elevam ou as derrubam. E sabemos que não há alegria, paz ou significado na vida sem a fé.

Você tem de acreditar que o que você tem a oferecer pode fazer a diferença na vida delas. Ninguém quer seguir uma pessoa sem convicção. Se você não acreditar, as pessoas também não acreditarão.

Acredite que a pessoa com quem você compartilha pode fazer a diferença. Já lemos sobre uma coisa chamada regra da reciprocidade no comportamento humano. Ela afirma que, com o tempo, as pessoas passam a compartilhar atitudes semelhantes umas em relação às outras. Em outras palavras, se tivermos uma boa opinião sobre você e continuarmos a sustentar essa opinião, eventualmente você passará a se sentir da mesma forma em relação a nós. Esse processo constrói uma conexão entre nós, e abre caminho para uma parceria poderosa.

Acredite que, juntos, vocês podem fazer uma grande diferença. Madre Teresa é um exemplo vivo de uma verdade que certa vez expressou: "Eu posso fazer o que você não pode, e você pode fazer o que eu não posso. Juntos, podemos fazer coisas grandiosas." Ninguém jamais conquista sozinho o que pode fazer em parceria com os outros. E qualquer um que não reconheça isso fica incrivelmente aquém de seu potencial.

Existe uma história sobre um organista famoso do século XIX que ilustra a importância de reconhecer parcerias valiosas. O músico viajava de cidade em cidade fazendo apresentações. Em cada cidade ele contratava um garoto para bombear o órgão durante o concerto. Depois de uma apresentação em particular, ele não conseguiu se livrar do garoto. Ele até seguiu o organista até o hotel.

— Nosso concerto hoje foi bom, não foi? — disse o menino.

— Como assim *nosso*? — disse o músico. — *Meu* concerto foi bom. Agora, por que você não vai para casa?

Na noite seguinte, quando o organista estava no meio de uma série magnífica, o órgão de repente parou de funcionar. O organista ficou estupefato. Então, de repente, o menino botou a cabeça do lado do órgão, deu um riso e disse:

— *Nosso* concerto não está indo muito bem hoje, não é?

Se você quiser se conectar com as pessoas e levá-las com você a um nível mais elevado, reconheça a diferença que vocês podem fazer em equipe, e reconheça-a em todas as oportunidades.

3. Inicie o movimento na direção delas

De acordo com Tom Peters e Nancy Austin, "o problema gerencial principal nos EUA é, de uma maneira muito simples, gerentes que perderam contato com seu pessoal e com seus clientes."[1] A falta de contato e comunicação é um problema que afeta muitas pessoas, não só gerentes em organizações. Talvez seja por isso que o especialista em vendas Charles B. Ruth diz: "Existem muitos casos de vendedores que não têm nada a oferecer a um potencial cliente, exceto a amizade, vendendo mais do que vendedores com tudo a oferecer — exceto a amizade."[2]

Acreditamos que existem muitas razões pelas quais as pessoas não se conectam com outras mais do que o fazem. Uma razão primária, principalmente em organizações, é que muitos líderes acreditam que é responsabilidade do seguidor iniciar contato com eles. Mas, na verdade, é o contrário. Para serem eficazes, líderes devem iniciar. Se não forem às pessoas, encontrarem-nas onde estão e iniciarem a conexão, então, em 80% do tempo não haverá conexões.

4. Procure um terreno comum

Sempre que você quiser se conectar com outra pessoa, comece onde ambos concordam. E isso significa encontrar um terreno comum. Se tiver desenvolvido boas habilidades de ouvinte, como conversamos no capítulo 4, você provavelmente conseguirá detectar áreas onde vocês têm experiências ou pontos de vista em comum. Conversem sobre *hobbies*, onde moraram, seu trabalho, esportes ou filhos. O que vocês discutem não é tão importante quanto sua atitude. Seja positivo, e tente ver as coisas do ponto de vista da outra pessoa. Estar aberto e ser agradável é metade da batalha. Como às vezes digo, "tudo estando igual, as pessoas farão negócios com as pessoas de que gostam. Tudo estando diferente, ainda farão".

Às vezes, mesmo quando você encontra um terreno comum, pode enfrentar obstáculos no processo de comunicação. Se detectar que as pessoas com quem você está tentando se conectar estão hesitantes em relação à sua abordagem, então tente encontrá-las em terreno comum emocional. Uma ótima maneira de se fazer isso é usar algo chamado *sentir*, *sentiu*, *descobriu* para ajudá-las a se identificar com você. Primeiro, tente sentir o que elas *sentem*, e reconheça e valide os sentimentos. Se já tiver tido sentimentos parecidos no passado, então compartilhe como você também já se *sentiu* da mesma maneira. Finalmente, compartilhe o que você *descobriu* que o ajudou a superar esses sentimentos.

Uma vez que tenha se tornado uma prática regular procurar terreno comum com os outros, você descobrirá que pode falar com quase qualquer pessoa e encontrá-la onde ela está. E quando você puder fazer isso, poderá fazer uma conexão.

5. Reconheça e respeite diferenças de personalidade

Nós somos capazes de encontrar terreno comum com os outros, mas, ao mesmo tempo, precisamos reconhecer que somos todos diferentes. E essa é uma das grandes alegrias da vida, embora nem sempre tenhamos enxergado dessa forma. Uma ferramenta excelente para entender as pessoas é um livro da amiga de John, Florence Littauer, chamado *Personality Plus* [Personalidade plus]. Nele, ela descreve quatro tipos básicos de personalidade:

- *Passional*: deseja diversão; é extrovertida, voltada para relacionamentos; é sagaz; fácil de se lidar, popular, artística, emotiva, franca e otimista.
- *Melancólica*: deseja perfeição; é introvertida, voltada para tarefas artísticas e metas; é emotiva, organizada e pessimista.
- *Impassível*: deseja paz; é introvertida, não emotiva, determinada, orientada para relacionamentos, pessimista e movida a objetivos.
- *Colérica*: deseja poder ou controle; é determinada, decisiva, orientada a metas, organizada, não emotiva, extrovertida, franca e otimista.[3]

Quase todo mundo com quem você tenta se conectar está em uma dessas categorias (ou tem características de duas categorias complementares). Por exemplo, John é um clássico colérico-passional. Adora se divertir, é decisivo, e naturalmente toma a responsabilidade em quase qualquer situação. Jim, por outro lado, é melancólico-impassível. É um pensador analítico que não é levado por emoções, e geralmente segue os próprios conselhos.

Ao se conectar com as pessoas, reconheça e respeite suas diferenças em motivação. Com os coléricos, conecte-se com força. Com os melancólicos, conecte-se sendo focado. Com os impassíveis, conecte-se dando segurança. E com os passionais, conecte-se com excitação.

O dramaturgo John Luther entendia isso: "O talento natural, a inteligência, uma educação maravilhosa — nada disso garante o sucesso. Falta outra coisa: a sensibilidade de entender o que as pessoas querem e a disposição de dar isso a elas." Preste atenção à personalidade das pessoas, e faça seu melhor para encontrá-las onde elas estão. Elas valorizarão sua sensibilidade e sua compreensão.

6. Encontre a chave para a vida das pessoas

O executivo industrial Andrew Carnegie tinha uma habilidade fantástica para compreender pessoas e o que era importante para elas. Diz-se que quando era um menino, na Escócia, tinha uma coelha que tivera uma ninhada de filhotes. Para alimentá-los, Carnegie pedia aos meninos do bairro que colhessem trevos e dentes-de-leão. Em troca, cada menino dava seu nome a um coelho.

Carnegie fez algo semelhante quando adulto, o que demonstrou sua compreensão das pessoas. Como ele queria vender seu aço à Pennsylvania Railroad, quando construiu um novo moinho de aço em Pittsburgh, deu a ele o nome de J. Edgar Thompson Steel Works em homenagem ao presidente da Pennsylvania Railroad. Thompson ficou tão lisonjeado que, a partir de então, comprou todo seu aço de Carnegie.

Você não tem de ser um Carnegie para se conectar com as pessoas. Você só precisa saber o que é importante para elas. Todo mundo tem uma chave para sua vida. Tudo que você precisa fazer é encontrá-la. Aqui vão duas dicas para ajudá-lo nessa tarefa: para entender a mente de uma pessoa, examine o que ela já conquistou. Para entender seu coração, olhe para o que ela aspira fazer. Isso vai ajudá-lo a encontrar a chave, e depois que você encontrá-la, use-a com integridade. Gire a chave apenas quando tiver a permissão da pessoa, e mesmo assim use essa chave apenas para o benefício dela, não o seu — para ajudar, não para machucar.

7. Comunique com o coração

Depois que tiver iniciado uma conexão com as pessoas, encontrado terreno comum e descoberto o que realmente importa para elas, comunique a elas o que realmente importa para você. E isso exige que você fale com elas com seu coração.

Pediram a um jovem recém-formado em psicologia que fizesse um discurso para um grupo de idosos. Por quarenta e cinco minutos ele falou a eles sobre como viver o crepúsculo de sua vida com graça. Quando o discurso acabou, uma senhora de oitenta anos veio até o jovem palestrante e disse: "Seu vocabulário e sua pronúncia foram excelentes, mas eu devo lhe dizer uma coisa que você virá a entender quando for mais velho: você não sabe o que está falando!"

Ser genuíno é o fator mais importante quando estiver se comunicando com os outros, seja individualmente ou com grandes plateias. Nenhum conhecimento, técnica ou sagacidade pode substituir a honestidade e o desejo sincero de ajudar as pessoas.

Abraham Lincoln era famoso por se comunicar bem com as pessoas, e no centro dessa habilidade estava sua capacidade de falar com o coração. Em 1842, Lincoln falou aos membros da Washington Temperance Society. Durante seu discurso intitulado *Charity in Temperance Reform* [Caridade na reforma da temperança], ele fez a seguinte observação: "Se você quer ganhar um homem para a sua causa, primeiro convença-o de que você é seu amigo sincero... Suponha ditar seu julgamento, ou comandar seus atos, ou marcá-lo como alguém a quem expulsar e desprezar, e ele se retrairá... Você não conseguirá penetrar além da dura casca de uma tartaruga com uma palha seca."[4]

Ao se comunicar com as pessoas para construir conexões com elas, compartilhe com o coração e seja você mesmo.

8. Compartilhe experiências comuns

Para realmente se comunicar com as pessoas, você tem de fazer mais do que encontrar terreno comum e se comunicar bem. Você precisa encontrar uma forma de cimentar o relacionamento. Joseph F. Newton disse: "As pessoas são solitárias porque constroem muros em vez de pontes." Para construir pontes que conectem você às pessoas de maneira duradoura, compartilhe experiências comuns com elas.

Ninguém conquista sozinho o que pode conquistar em parceria com outros.

Nós dois gostamos de compartilhar experiências com os outros há anos. Por exemplo, sempre que John contrata um novo membro para seu quadro de executivos, ele sempre leva essa pessoa para a estrada para várias de suas conferências. Ele faz isso não só porque quer que o novo membro se familiarize com os serviços que a companhia oferece a seus clientes, mas também porque eles podem viajar juntos e se conhecerem em uma variedade de ambientes. Nada une mais as pessoas do que enfrentar um trânsito impossível em uma cidade desconhecida para chegar ao aeroporto e depois correr com suas malas no meio da multidão para chegar esbaforido ao avião no último minuto!

As experiências comuns que você compartilha com as pessoas não têm de ser tão dramáticas (embora a adversidade definitivamente una as pessoas). Compartilhe refeições com as pessoas. Assistam a um jogo juntos. Leve as pessoas para uma visita com você. Qualquer coisa que vocês vivenciarem juntos capaz de criar um histórico comum ajuda a se conectar aos outros.

Uma história maravilhosa de conexão vem da carreira de Jackie Robinson, o primeiro afro-americano a jogar beisebol na primeira divisão. Robinson enfrentou multidões protestando, ameaças de morte e muito xingamento em quase todos os estádios que visitou enquanto quebrava a barreira de cor do beisebol. Certo dia, no estádio no Brooklyn, Robinson cometeu um erro e imediatamente os próprios torcedores começaram a ridicularizá-lo. Ele ficou na segunda base, humilhado, enquanto a torcida de seu time zombava dele. Então, o interbases Pee Wee Reese veio até ele e ficou do seu lado. Abraçou-o e encarou a multidão. Os torcedores ficaram quietos. Diz-se que Robinson mais tarde alegou que o abraço de Reese salvou sua carreira.

Procure maneiras de construir pontes com as pessoas dentro de sua influência, principalmente durante momentos em que elas experimentam a adversidade. As conexões que você faz fortalecerão incrivelmente seus relacionamentos e o prepararão para a jornada que vocês podem empreender juntos.

9. *Depois de conectado, siga adiante*

Se você quiser influenciar as pessoas, e deseja movê-las na direção certa, deve se conectar com elas antes de tentar levá-las a qualquer lugar. Tentar fazê-lo antes de se conectar é um erro comum de líderes inexperientes. Tentar mover as pessoas antes de passar pelo processo de conexão com elas pode levar à falta de confiança, à resistência e a relacionamentos combalidos. Lembre-se sempre de que você deve se doar antes de tentar compartilhar a jornada. Como alguém certa vez observou, "liderança é cultivar nas pessoas hoje uma futura disposição da parte delas de segui-lo para algo novo para o bem de algo grandioso". A conexão cria essa disposição.

Um desafio para qualquer pessoa de influência é se conectar com pessoas de outra cultura. Jim tem muita experiência nessa área já que trabalha com pessoas em vinte e seis países. Ele achou particularmente interessante trabalhar com pessoas nos países do bloco leste, antes controlado pela União Soviética:

Quando começamos a trabalhar com as pessoas no leste europeu, foi uma experiência realmente única. Tínhamos tido muito pouca exposição à cultura e aos valores delas, e descobrimos que coisas que aceitamos nos negócios do dia a dia eram estranhas para pessoas que tinham passado cinquenta anos sob o jugo comunista. A maioria das pessoas nos EUA foi criada sob valores éticos e morais judaico-cristãos. Muitas vezes tomamos isso como certo, além dos benefícios do livre empreendimento e do capitalismo. Nossos novos amigos em países como Polônia, Hungria e República Tcheca, no entanto, estavam acostumados a sobreviver em um mundo corrupto, com governo opressor, propaganda e ensino com pouca ou nenhuma ética como a conhecemos. Seu ambiente os levou a acreditar que o sucesso acontece apenas com aqueles que usam atalhos para as regras e vencem os inferiores no próprio jogo. Descobrimos que muitas pessoas abraçavam uma mentalidade de sucesso a qualquer custo e um quase orgulho de como foram inteligentes quebrando as regras.

Nós acreditávamos que era importante mostrar a essas pessoas maravilhosas que o sucesso verdadeiro só era possível quando uma pessoa se comportasse de forma ética e se ativesse aos princípios da integridade e da confiança. Parecia um trabalho enorme, mas as pessoas eram espertas, e estávamos trabalhando com alguns grandes jovens profissionais famintos por aprender os segredos do verdadeiro sucesso. Nós começamos o processo fazendo tudo que pudemos para nos conectar com as pessoas nesses países. De algumas formas, esse foi um dos nossos maiores desafios como pessoas de influência. Mas nós conseguimos encontrar algumas pessoas-chave, e caminhamos lado a lado com elas como amigos e mentores. Começamos conduzindo-as através desse novo paradigma do viver ético e dos negócios com princípios. E investimos muito tempo conhecendo-as melhor e nos conectando com elas nessa jornada que vale a pena. Nosso objetivo era dar a elas ferramentas para impactar de forma positiva as pessoas em seu país. Essa ainda é uma jornada em progresso para nós. Mas quer estejamos trabalhando com pessoas no leste europeu, na China continental ou em qualquer outra parte do mundo, reconhecemos que as pessoas são basicamente as mesmas. Todo mundo quer vencer e está ansioso para aprender com outras pessoas que estejam na frente delas. Mas você não pode causar um impacto significativo na vida das pessoas enquanto não se conectar pessoalmente com elas. Só então você pode levá-las em uma jornada e realmente fazer a diferença.

Jim e Nancy estão causando um impacto que está sendo sentido em todo o mundo. Eles entendem que influência significa se relacionar com as pessoas, elevá-las, e então libertá-las para que se reproduzam na vida das outras pessoas. Conectar-se é um passo fundamental nesse processo. Mas antes que as pessoas possam ir ao nível mais elevado e reproduzir sua influência nos outros, existe mais um passo que precisam dar: precisam ser capacitadas. E esse é o assunto do próximo capítulo.

Checklist da influência
Conectando-se com as pessoas

- **Meça sua conexão atual.** Quão forte é a sua conexão com as pessoas cuja vida você está influenciando? Você conhece a chave para a vida de cada uma? Você estabeleceu terreno comum? Existem experiências comuns que os unem? Se sua conexão não for tão forte quanto poderia ser, lembre que é seu papel ser o iniciador. Agende um tempo na próxima semana para tomar café, compartilhar uma refeição ou simplesmente conversar com cada pessoa.

- **Conecte-se em um nível mais profundo.** Se nunca tiver passado um tempo significativo com as pessoas mais importantes da sua lista em um ambiente não profissional, agende um horário para fazê-lo no mês que vem. Planeje um retiro ou um fim de semana fora, e inclua seus cônjuges. Ou leve-os para um seminário ou uma conferência. O principal é dar a vocês oportunidades de se conectarem em um nível mais profundo e compartilharem experiências comuns.

- **Comunique sua visão.** Depois que tiver feito uma conexão forte com essas pessoas, compartilhe suas esperanças e seus sonhos. Lance a visão para seu futuro em comum, e convide-as para se juntarem a você na jornada.

Capítulo 9

Uma pessoa de influência...

Capacita as pessoas

Multiplicar

Orientar — *Capacitar*

Motivar

Modelar

Boa parte do negócio de Jim inclui encontrar-se, com bastante frequência, com alguns de seus líderes-chave e, como eles vêm de vários locais do país e do mundo, programar reuniões em vários locais. Um lugar que se tornou o favorito dele e de Nancy ao longo dos anos é Deer Valley, perto de Salt Lake City, Utah. Recentemente, quando estavam lá com alguns de seus líderes, aconteceu algo interessante. Jim falará sobre isso.

Deer Valley é um lugar realmente bonito. No inverno, é excelente para esquiar e, no verão, tem suntuosas montanhas arborizadas e campinas cheias de flores silvestres. Gostamos, de fato, de passar férias lá e de usar o local para o encontro com nosso pessoal.

No ano passado, passamos um tempo com um grupo de cerca de dez casais em um dos condomínios de Deer Valley, bem nas pistas de esqui. Todos nós aproveitamos nosso maravilhoso tempo de comunhão e diversão.

Quando estávamos prontos para partir, guardamos todos os nossos pertences e, a caminho do aeroporto, passamos pela administração para pagar a conta.

Mas enquanto tentávamos acertar nossa conta, descobrimos que um casal do nosso grupo, inadvertidamente, deixara a chave do seu quarto no apartamento.

— Vou ter de cobrar vinte e cinco dólares pela chave perdida — disse o recepcionista.

Tenho de admitir que fiquei um pouco surpreso. Éramos clientes deles há oito anos. E gastáramos milhares de dólares com eles durante aquela semana.

— Olhe! — disse-lhe — Acho ótimo que vocês tenham uma política a respeito de chaves perdidas, mas a chave está no quarto deles. E se tivermos de voltar para pegá-la, perderemos o voo. Você não pode simplesmente esquecer essa cobrança?

— Não! — disse ele — A regra é que tenho de acrescentar a cobrança em sua conta.

Mesmo quando o lembrei de nossa história com aquela empresa e lhe disse que não me sentia satisfeito com a cobrança extra, ele não mudou de posição. Na verdade, ele ficou mais rígido, e fiquei realmente irritado. Enquanto permanecia ali esperando, calculei em minha mente quanto dinheiro já tinha gasto lá ao longo dos anos e percebi que ele punha em risco nossa história de cem mil dólares com sua empresa por causa de uma chave de vinte e cinco!

Finalmente, desistimos e pagamos a taxa. No caminho para o aeroporto, Nancy e eu conversamos sobre o incidente, e pensei sobre como, de fato, não fora uma falha do recepcionista. O problema era do proprietário que falhara em treiná-lo apropriadamente.

— Esse tipo de coisa me deixa louca — disse ela.

— Algumas pessoas, simplesmente, não entendem a importância disso. Sabe uma empresa que é exatamente o oposto disso? — perguntou ela. — A Nordstrom (Rede norte-americana de lojas luxuosas). Eles são inacreditáveis. Nem lhe digo o que aconteceu na noite antes de virmos para Deer Valley. Fui à Nordstrom para comprar um pijama para Eric. Peguei o que sabia que ele gostaria, mas disse à vendedora que precisaria que fosse feita a bainha das calças e que estávamos viajando bem cedo na manhã seguinte. Ela nem piscou e ofereceu para fazê-la naquela noite e mandar entregar em casa.

— E foi só o que comprei — acrescentou Nancy. — Não é como se tivesse gastado muito dinheiro. Ela fez isso por apenas um pijama.

Histórias do excelente atendimento das lojas de departamentos Nordstrom se tornaram lendárias. Qualquer pessoa que compre lá pode atestar isso. Seus funcionários são excepcionais porque a empresa é edificada sob o princípio de capacitação. Essa filosofia de capacitar os funcionários está resumida nesta breve declaração que todo funcionário recebe quando começa a trabalhar na empresa:

Bem-vindo à Nordstrom.
Estamos contentes por tê-lo em nossa empresa.
Nosso objetivo número um é fornecer excelente serviço ao
cliente.
Estabeleça altos objetivos pessoais e profissionais para você.
Temos grande confiança em sua capacidade de alcançá-los.
Regras da Nordstrom:
Regra n.º1: Use seu bom senso em todas as situações. Não
há regras adicionais.
Por favor, sinta-se livre para fazer perguntas
ao gerente de seu departamento,
ao gerente da loja ou ao gerente-geral da divisão,
quaisquer perguntas a
qualquer momento.[1]

As lojas Nordstrom enfatizam as pessoas, não as políticas. Eles acreditam em suas pessoas, eles as encorajam a alcançar a excelência e lhes dão liberdade para fazer isso. Como Tom Peters disse: "Técnicas não produzem produtos de qualidade nem retiram o lixo a tempo; pessoas fazem isso; pessoas que se importam; pessoas que são tratadas como colaboradores adultos criativos." Os gerentes e a equipe da locadora de Deer Valley se beneficiariam muitíssimo aprendendo essa lição.

O QUE REPRESENTA CAPACITAR OS OUTROS

William Wolcott, artista inglês, foi a Nova York em 1924 para registrar suas impressões daquela cidade fascinante. Certa manhã, ele visitava o escritório de um ex-colega quando o impulso de fazer um desenho se apossou dele. Vendo papel sobre a escrivaninha do amigo, ele perguntou:
— Posso pegar este papel?

O ato de capacitar outros muda uma vida, e é uma situação de
ganho mútuo.

O amigo respondeu:

— Isso não é papel de desenho. É um papel comum de embrulho.

Não querendo perder a fagulha de inspiração, Wolcott pegou o papel de embrulho e disse:

— Nada é comum se souber como usá-lo.

Wolcott fez dois desenhos naquele papel comum. Mais tarde, naquele mesmo ano, um dos desenhos foi vendido por quinhentos dólares; e o outro, por mil, uma bela soma em 1924.

Pessoas sob influência de um indivíduo capacitador são como papel nas mãos de um artista talentoso. Independentemente do material de que sejam feitas, tornam-se tesouros.

A habilidade de capacitar os outros é uma das chaves para o sucesso pessoal e profissional. John Craig declarou: "Não importa quanto possa trabalhar; não importa quanto sua personalidade possa ser envolvente; jamais avançará muito nos negócios se não capacitar os outros." E J. Paul Getty, executivo de negócios, afirmou: "Não faz muita diferença quanto conhecimento ou experiência um executivo possua, se ele for incapaz de alcançar resultados por intermédio das pessoas, ele é inútil como executivo."

Quando capacita pessoas, você não só as influencia, mas também influencia todas as pessoas que elas influenciam.

Quando se torna um capacitador, você trabalha com pessoas e com a ajuda delas, mas faz muito mais. Capacita outros a alcançar mais excelência em seu desenvolvimento pessoal e profissional. Capacitação, definida de forma simples, é dar sua influência para outros com o objetivo de crescimento pessoal e organizacional. É compartilhar você mesmo — sua influência, sua posição, seu poder e suas oportunidades — com outros a fim de investir na vida deles para que possam funcionar em seu melhor. É ver o potencial das pessoas, compartilhando seus recursos com elas e lhes mostrando que acredita completamente nelas.

Você já pode ter capacitado algumas pessoas em sua vida sem saber disso. Quando confia uma decisão importante a seu cônjuge e, depois, o apoia alegremente, isso é capacitar. Quando decide que sua filha está preparada para atravessar a rua sozinha e lhe dá permissão para fazer isso, você a capacita. Quando delega um trabalho desafiador a uma funcionária e lhe dá a autoridade de que ela precisa para realizá-lo, você a capacita.

O ato de capacitar outros muda uma vida, e é uma situação de ganho mútuo. Dar sua autoridade para outros não é como abrir mão de um objeto, como, por exemplo, seu carro. Se abrir mão de seu carro, você fica preso; não tem mais meio de transporte. Mas capacitar outros lhes dando sua autoridade tem o mesmo efeito que compartilhar informação. Você não perde nada. Apenas aumenta a habilidade dos outros sem diminuir a si mesmo.

QUALIFICAÇÕES DO CAPACITADOR

Quase todo mundo tem potencial para se tornar capacitador, mas não se consegue capacitar todo mundo. O processo só funciona quando determinadas condições são satisfeitas. Você tem de ter:

Posição

Você não pode capacitar pessoas que não lidera. Fred Smith, especialista em liderança, explica: "Quem pode dar permissão para outra pessoa ter sucesso? Uma pessoa em posição de autoridade. Outros podem encorajar, mas a permissão só parte de uma figura com autoridade: um dos pais, chefe ou pastor."

Você pode encorajar e motivar todos que conhece. Pode engrandecer ou conduzir qualquer pessoa com quem tenha construído um relacionamento de mentoreado. Mas, para *capacitar* pessoas, você tem de estar em posição de poder sobre elas. Às vezes, essa posição não precisa ser formal nem oficial, mas, outras vezes, isso é necessário. Por exemplo, se um dia formos almoçar com você em um restaurante e não estivermos satisfeitos com a espera por nossa comida, nunca poderíamos capacitá-lo a entrar na cozinha e preparar a refeição para nós. Não temos essa autoridade, por isso, certamente, não a damos a você. O primeiro requisito na capacitação é ter posição de autoridade sobre a pessoa que quer capacitar.

Relacionamento

A segunda exigência na capacitação de pessoas é ter relacionamento com elas. Thomas Carlyle, escritor do século XIX, disse: "Um grande homem compartilha sua grandeza pela forma como trata pequenos homens." Embora as pessoas que você capacite não sejam "pequenas", elas podem ser levadas a pensar assim se você não valorizar seu relacionamento com elas.

Diz-se que relacionamentos são forjados, não formados. Eles exigem tempo e experiência em comum. Se você fizer o esforço de conectar-se com as pessoas, conforme falamos no capítulo anterior, na época em que estiver preparado para capacitá-las, seu relacionamento será sólido o bastante para conseguir liderá-las. E quando fizer isso, lembre-se do que Ralph Waldo Emerson escreveu: "Todo homem [ou mulher] merece ser avaliado por seus melhores momentos." Quando valoriza as pessoas e seu relacionamento com elas, você lança a fundação para capacitar os outros.

Respeito

Relacionamento faz com que as pessoas queiram estar com você, mas o respeito faz com que elas queiram ser capacitadas por você. Respeito mútuo é essencial para o processo de capacitação. Ari Kiev, psiquiatra, resumiu isso desta maneira: "Se deseja que os outros o respeitem, tem de demonstrar respeito por eles. Todos querem sentir que valem para alguma coisa e são importantes para alguém. Invariavelmente, as pessoas entregam amor, respeito e atenção ao indivíduo que satisfaz essa necessidade. Em geral, a consideração pelos outros reflete fé em si mesmo e nos outros." Quando você acredita nas pessoas, importa-se com elas e confia nelas, elas sabem disso. E esse respeito as inspira a querer seguir sua liderança.

Compromisso

A última qualidade necessária ao líder para se tornar um capacitador é o compromisso. Ed McElroy, executivo da USAir, enfatizou que "compromisso nos dá novo poder. Independentemente do que enfrentemos, doença, pobreza ou desastre, nunca tiramos o olho de nosso objetivo." O processo de capacitação de outros nem sempre é fácil, em especial quando se faz isso pela primeira vez. É uma estrada que tem muitos obstáculos e desvios. Mas vale a pena percorrê-la porque as recompensas são imensas. Como Edward Deci, da Universidade de Rochester, declarou: "As pessoas devem acreditar que uma tarefa, inerentemente, vale a pena se for para se comprometer com ela." Se você precisa de um lembrete sobre o valor da capacitação dos outros, lembre-se disto: quando você capacita as pessoas, não só as influencia, mas também afeta todas as pessoas que elas influenciam. Isso é impacto!

Se você tem autoridade sobre a vida das pessoas, construiu relacionamento com elas, as respeita e se comprometeu com o processo de capacitação, então está em *posição* de capacitá-las. Mas um elemento mais crucial da capacitação precisa entrar em cena. Você precisa ter a atitude certa.

Muitas pessoas negligenciam a capacitação de outros porque são inseguras. Têm medo de perder seu emprego para as pessoas que mentoreiam. Elas não querem ser substituídas nem desalojadas, mesmo que isso representasse que poderiam ir para uma posição mais alta e deixar seu cargo atual ser preenchido pela pessoa que mentoreiam. Elas têm medo de mudança. Mas mudança faz parte da capacitação — para a pessoa que você capacita e para você mesmo. Se quiser subir, tem de estar disposto a abrir mão de algumas coisas.

Se não tem certeza de onde está em termos de sua atitude em relação às mudanças envolvidas na capacitação de outros, responda a estas perguntas.

PERGUNTAS A SEREM FEITAS ANTES DE COMEÇAR

1. Acredito nas pessoas e sinto que são o recurso mais valioso que minha empresa tem?
2. Acredito que capacitar outros pode trazer mais que a realização individual?
3. Busco ativamente líderes em potencial para capacitar?
4. Estaria disposto a elevar outros a um nível mais alto que meu próprio nível de liderança?
5. Estaria disposto a investir tempo no desenvolvimento de pessoas que têm potencial para liderar?
6. Estaria disposto a deixar outros levarem crédito pelo que lhes ensinei?

7. Dou aos outros liberdade para manifestar sua personalidade e escolher o processo ou tenho de estar no controle?
8. Estaria disposto a dar, publicamente, minha autoridade e influência a líderes em potencial?
9. Estaria disposto a deixar outros me prepararem para um trabalho?
10. Estaria disposto a entregar o bastão da liderança para pessoas que capacitei e, verdadeiramente, torcer por elas?

Se respondeu "não" a mais de duas dessas perguntas, talvez precise de uma atitude de ajuste. Precisa acreditar nos outros o suficiente para lhes dar tudo que puder e acreditar o bastante em você mesmo para saber que isso não o atingirá. Apenas lembre-se de que, contanto que continue a crescer e se desenvolver, sempre terá algo para dar e não precisará se preocupar com ser substituído.

COMO CAPACITAR OUTROS A DESENVOLVER SEU POTENCIAL

Uma vez que tenha confiança em si mesmo e nas pessoas que quer capacitar, está preparado para começar o processo. Seu objetivo seria transferir tarefas relativamente pequenas e simples no início, e aumentar progressivamente as responsabilidades e a autoridade delas. Quanto mais verde estiver a pessoa com que está trabalhando, mais tempo o processo levará. Mas, independentemente de se elas são recrutas ou veteranos, ainda é importante guiá-las ao longo de todo o processo. Use os seguintes passos para orientá-lo enquanto capacita os outros.

1. Valorize-os

O ponto de partida para capacitar as pessoas é valorizá-las. Se der muita autoridade para pessoas inexperientes cedo demais, pode levá-las a enfrentar o fracasso. Se for muito devagar com pessoas que têm muita experiência, pode frustrá-las e desmoralizá-las.

Às vezes, quando líderes julgam de maneira equivocada a capacidade dos outros, o resultado pode ser cômico. Por exemplo, lemos a respeito de um incidente na vida de Albert Einstein que ilustra esse ponto. Em 1898, Einstein candidatou-se para ser admitido no Instituto Técnico de Munique e foi rejeitado porque não poderia "nunca atingir patamar tão alto". Como resultado disso, em vez de ir para a escola, ele trabalhou como inspetor na Secretaria Suíça de Patente, em Berna. Com o tempo extra que tinha, trabalhou no refinamento e na escrita da teoria da relatividade.

Lembre que toda pessoa tem potencial para ser bem-sucedida. Sua tarefa é enxergar esse potencial, encontrar o que falta a ela para se desenvolver e equipá-la com o que precisa. Enquanto avalia as pessoas que pretende capacitar, examine as seguintes áreas:

- *Conhecimento*. Pense no que as pessoas precisam saber a fim de executar alguma tarefa que pretenda lhes dar. Não tome como certo que elas sabem tudo que você sabe. Faça-lhes perguntas. Forneça-lhes a história ou a informação prática. Modele uma percepção ao dar-lhes a visão panorâmica de como seus atos se encaixam na missão e nos objetivos da organização. Conhecimento não é só poder, é capacitação.

- *Habilidade*. Examine o grau de habilidade da pessoa que deseja capacitar. Nada é mais frustrante que ser solicitado a fazer coisas para as quais não se tem habilidade.

Examine o que a pessoa fez antes e também o que está fazendo no momento. Algumas habilidades são inatas. Outras precisam ser aprendidas por meio de treinamento ou experiência. Seu trabalho como capacitador é descobrir o que o trabalho exige e garantir que seu pessoal tenha o que precisa para ser bem-sucedido.

- *Desejo.* Plutarco, filósofo grego, declarou: "O solo mais rico se não for cultivado produz as melhores ervas daninhas." Nenhuma habilidade, conhecimento ou potencial pode ajudar a pessoa a ser bem-sucedida se ela não desejar ser bem-sucedida. Mas quando há desejo, a capacitação é fácil. Como Jean La Fontaine, ensaísta francês do século XVII, escreveu: "O homem é feito de tal modo que sempre que algo incita sua alma, as impossibilidades desaparecem."

2. Exemplifique para eles

Mesmo pessoas com conhecimento, habilidade e desejo precisam saber o que se espera delas, e a melhor maneira de informá-las é mostrar isso a elas. As pessoas fazem o que veem. Uma breve parábola sobre um menino de fazenda que vivia em uma região montanhosa do Colorado ilustra esse ponto. Certo dia, o menino subiu em um lugar alto e encontrou um ninho de águia com ovos dentro. Ele pegou um dos ovos enquanto a águia estava fora, levou-o para a fazenda e o colocou sob uma galinha que tinha uma ninhada de ovos.

Os ovos abriram um a um, e quando a águia saiu de sua casca, ela não tinha motivo para acreditar que fosse outra coisa que não uma galinha. Então, ela fazia tudo que as outras galinhas faziam na fazenda. Ela ciscava em torno do quintal à procura de grãos, testava seu melhor cacarejo e mantinha os pés firmemente plantados no chão, embora a cerca ao redor tivesse apenas uns dois metros de altura.

Isso continuou até que ela ficou mais alta que seus supostos irmãos e sua mãe adotiva. Então, certo dia, uma águia voou sobre o pátio das galinhas. A jovem águia ouviu seu grito e viu o ataque a um coelho no campo. Naquele momento, a jovem águia soube em seu coração que não era como as galinhas do pátio. Ela abriu suas asas e, antes que percebesse, estava voando atrás da outra águia.

Só quando viu alguém de sua espécie voando, ela soube quem era e o que era capaz de fazer.

As pessoas que você deseja capacitar precisam ver um exemplo do voar. Você, como mentor, tem a melhor oportunidade de mostrar a elas. Modele a atitude e trabalhe a ética que gostaria que as pessoas abraçassem. E, sempre que puder, inclua-as em seu trabalho, leve-as junto com você. Não há forma melhor de ajudá-las a aprender e a entender o que quer que elas façam.

3. Dê-lhes permissão para serem bem-sucedidos

Como líder e influenciador, talvez você ache que todos querem ser bem-sucedidos e, automaticamente, esforçam-se para isso, como provavelmente você um dia fez. Mas nem todo mundo que você influencia pensa da mesma maneira. Você tem de ajudar os outros a acreditar que podem ser bem-sucedidos e lhes mostrar que quer que eles sejam bem-sucedidos. Com você faz isso?

- *Espere.* Danny Cox, autor e palestrante profissional, aconselha: "O importante a ser lembrado é que se não tiver esse entusiasmo inspirador que é contagiante — tudo o mais que tiver também é contagiante." As pessoas podem sentir sua atitude subjacente, independentemente do que você diga ou faça. Se você tem expectativa de que seu pessoal seja bem-sucedido, todos sentirão isso.

- *Verbalize.* As pessoas precisam ouvir você dizer que acredita nelas e quer que sejam bem-sucedidas. Diga, com frequência, que sabe que elas farão isso. Envie bilhetes encorajadores. Torne-se um profeta positivo do sucesso delas.

- *Reforce.* Você nunca pode fazer demais quando se trata de acreditar nas pessoas. Fred Smith, especialista em liderança, transformou em hábito dar abundante reforço positivo para as pessoas. Ele diz: "Quando reconheço o sucesso, tento alargar os horizontes da pessoa. Posso dizer: 'Isso foi tremendo', mas não paro aí. Amanhã posso retornar, repetir o cumprimento e dizer: 'No ano passado, você acreditaria que poderia fazer isso? Você ficaria surpreso com o que poderá realizar no próximo ano!'"

Uma vez que as pessoas reconhecem e entendem que você quer, genuinamente, vê-las serem bem-sucedidas e está comprometido em ajudá-las, elas começam a acreditar que podem realizar o que lhes deu para fazer.

4. Transfira autoridade para elas

O verdadeiro cerne da capacitação é a transferência de sua autoridade — e influência — para as pessoas que está mentoreando e desenvolvendo. Muitas pessoas estão dispostas a dar responsabilidade aos outros. Elas delegam alegremente tarefas às pessoas. Mas capacitar os outros é mais que dividir sua carga de trabalho. É compartilhar seu poder e sua habilidade de conseguir que as coisas sejam feitas.

Peter Drucker, especialista em administração, afirmou: "Nenhum executivo jamais sofreu por seus subordinados serem fortes e eficazes." As pessoas só se tornam fortes e eficazes quando lhes é dada a oportunidade de tomar decisões, iniciar a ação, resolver problemas e enfrentar desafios.

Quando capacita os outros, você os ajuda a desenvolver a habilidade de trabalhar de forma independente sob sua autoridade. W. Alton Jones ofereceu sua opinião: "O homem que consegue os resultados mais satisfatórios nem sempre é o homem com a mente mais brilhante e singular, mas, antes, o homem que melhor coordena o cérebro e os talentos de seus associados."

Quando começar a capacitar as pessoas, dê-lhes desafios que sabe que elas podem cumprir e conquistar. Isso as deixará confiantes e lhes dará a oportunidade de tentar sua nova autoridade e aprender a usá-la de forma sábia. E uma vez que comecem a ser eficazes, dê-lhes missões mais difíceis. Uma boa regra prática é, se alguém consegue fazer o trabalho oitenta por cento tão bem quanto você, delegue essa tarefa. No fim, seu objetivo é capacitar outros tão bem que se tornem capazes de realizar quase qualquer desafio que atravesse seu caminho. E, no devido tempo, eles desenvolvem a própria influência com outros para que não precisem mais da sua influência para ser eficazes.

5. Demonstre publicamente sua confiança neles

Quando quiser transferir autoridade para os indivíduos que capacita pela primeira vez, você precisa dizer que acredita neles, e precisa fazer isso publicamente. O reconhecimento público faz com que saibam que acredita que eles serão bem-sucedidos. Mas também faz com que os outros indivíduos com quem trabalham saibam que eles têm seu apoio e que sua autoridade os respalda. Essa é uma forma tangível de compartilhar (e propagar) sua influência.

John é especialmente talentoso em capacitação de pessoas e demonstração pública de sua confiança nelas, além de ter uma história interessante sobre um de seus maiores sucessos em capacitação:

Mencionei no último capítulo que Dan Reiland trabalhou comigo durante quinze anos. Quando Dan começou comigo, ele era recém-formado. Aquele rapaz tinha muito talento, mas ainda havia algumas arestas a serem aparadas. Trabalhei bastante com ele — modelando-o, motivando-o e mentoreando-o — e, em pouco tempo, ele se transformou em um pastor de primeira linha.

Em poucos anos, ele se tornou um de meus jogadores-chave. Quando precisávamos criar e implementar um novo programa, com frequência eu olhava para Dan, autorizava-o a assumir a tarefa e dava-lhe minha total confiança e autoridade. E ele cuidava do assunto. Vez após vez, ofereci-lhe projetos importantes, nos quais ele trabalharia ao longo de todo o processo, implementando-o, levantando líderes para gerenciá-lo e, depois, voltando a mim para outra tarefa. Ele sempre conseguia se virar para realizar uma tarefa. Em 1989, seis ou sete anos depois que Dan começou a trabalhar para mim, cheguei a um ponto em que percebi que precisava contratar um pastor-executivo, um tipo de diretor administrativo. E soube na mesma hora que queria que Dan preenchesse o cargo.

Bem, eu sabia que quando se levanta um líder das fileiras internas, geralmente há ressentimento e resistência por parte de alguns colegas desse indivíduo. Mas eu tinha uma estratégia. Quando comecei a transferir minha autoridade para Dan, tentei o máximo que pude não perder as oportunidades de elogiá-lo publicamente, de mostrar minha confiança nele e de lembrar a todos que Dan falava com minha autoridade. Como resultado, o resto da equipe logo se reuniu em torno dele, e ele foi habilitado como novo líder deles.

Quando levantar líderes, mostre a eles e a seus seguidores que têm sua confiança e autoridade. E logo descobrirá que eles se tornam capacitados para ser bem-sucedidos.

6. Dê-lhes feedback

Embora precise elogiar publicamente seus indivíduos, não os deixe muito tempo sem um *feedback* honesto e positivo. Encontre-os em particular para treiná-los por meio de seus erros, enganos e julgamentos equivocados. No começo, pode ser difícil para alguns indivíduos. Durante esse período inicial, seja um doador de graça. Tente dar o que eles precisam, não o que merecem. E aplauda qualquer progresso que façam. As pessoas fazem o que pode ser reconhecido.

7. Libere-os para continuar por conta própria

Independentemente de quem você está trabalhando para capacitar — empregados, filhos, colegas ou cônjuge —, seu objetivo supremo deve ser liberá-los para tomar boas decisões e ser bem-sucedidos por conta própria. E isso representa dar-lhes tanta liberdade quanto possível tão logo estejam preparados para isso.

O presidente Abraham Lincoln era mestre na capacitação de líderes. Por exemplo, quando designou o General Ulysses S. Grant como comandante dos exércitos da União, em 1864, ele enviou-lhe esta mensagem: "Não pergunto nem desejo saber nada de seus planos. Assuma a responsabilidade, e aja, e chame-me apenas para auxiliá-lo."

Essa é a atitude que você precisa ter como capacitador. Dê autoridade e responsabilidade e ofereça assistência quando necessário. John e eu somos afortunados de termos sido capacitados por pessoas-chave em nossa vida desde que éramos crianças. É provável que a pessoa mais capacitadora na vida de John tenha sido seu pai Melvin Maxwell. Ele sempre encorajou John a ser a melhor pessoa que podia e lhe deu permissão e poder sempre que pôde. Anos depois, quando conversavam sobre isso, Melvin contou a John sua filosofia:

"Nunca o limitei conscientemente contanto que soubesse que o que você estava fazendo era moralmente certo." Que atitude capacitadora!

OS RESULTADOS DA CAPACITAÇÃO

Se você chefia algum tipo de organização — negócio, clube, igreja ou família — aprender a capacitar outros é uma das coisas mais importantes que fará como líder. A capacitação tem retorno incrivelmente alto. Ela não só ajuda os indivíduos que levantou, tornando-os mais confiantes, energéticos e produtivos, mas também tem a capacidade de melhorar sua vida, dar-lhe liberdade adicional e promover o crescimento e a saúde de sua organização.

Farzin Madjidi, um mentor em liderança em Los Angeles, expressa suas crenças a respeito de capacitação: "Precisamos de líderes que capacitam pessoas e criam outros líderes. Não é mais suficiente que o gerente se certifique de que todos têm algo para fazer e estejam produzindo. Hoje, todos os funcionários devem 'vestir a camisa da empresa' e assumir a responsabilidade por tudo que estão fazendo. Para promover isso, é importante que os funcionários tomem decisões que os afetem mais diretamente. É assim que as melhores decisões são tomadas. Essa é a essência da capacitação." Quando examinamos os detalhes da atuação em uma organização, a capacitação de líderes é, às vezes, a única verdadeira vantagem que uma organização tem sobre outra em nossa sociedade competitiva.

Quando capacita outros, você descobre que muitos aspectos de sua vida mudam para melhor. Capacitar os outros o liberta para ter mais tempo para as coisas importantes de sua vida, aumenta a eficácia de sua organização, aumenta sua influência sobre os outros e, melhor de tudo, causa um impacto incrivelmente positivo na vida das pessoas que emprega.

Recentemente, Jim recebeu uma carta de alguém a quem dedicou diversos anos motivando, mentoreando e capacitando. Seu nome é Mitch Sala, e eis sua carta:

Querido Jim,

Sei que está no processo de escrever um livro sobre influência e senti necessidade de expressar meu profundo respeito e amor por você e Nancy, além de informá-lo sobre o grande impacto que teve em minha vida.

Sua influência sobre mim começou antes mesmo de nos conhecermos, quando ouvi uma de suas fitas pela primeira vez. Sua percepção, atitude positiva e fé comprometida eram inspiradoras, e a habilidade de Nancy de pôr a vida e seus obstáculos na perspectiva apropriada me ajudou a ver meu mundo de uma nova maneira.

Enquanto o observava, senti a incrível profundidade de seu caráter. Admirei isso e queria isso para mim mesmo. E isso me fez querer conhecê-lo melhor, desenvolver nosso relacionamento. Nunca havia, de fato, desenvolvido amizade íntima antes; portanto, isso foi uma novidade para mim.

Veja, cresci na África, onde meus pais administravam uma grande serraria na floresta. Meu irmão e minha irmã mais velhos estavam fora, na escola; assim, cresci praticamente sem outras crianças por perto. Era um tipo de lobo solitário. Quando fiz oito anos, eles enviaram-me para um internato tradicional. Foi bom para minha educação, mas ruim para minha autoimagem. Passei a sentir-me um perdedor.

Quando fiquei adulto, esses sentimentos levaram-me a trabalhar duro e tentar me superar, mas ainda me sentia vazio, independentemente do que fizesse. E estava falhando nas coisas que eram mais importantes para mim: ser um bom marido e pai.

Mas você se tornou uma influência em minha vida no momento certo. Você me entendeu e fez com que eu me aceitasse a despeito de meus erros e falhas. Você me ajudou a crescer em minha vida familiar, financeira e espiritual. Tudo mudou na minha vida.

A influência positiva de Jim ajudou Mitch Sala a mudar sua vida. Jim o levou ao longo de todo o processo. Ele modelou a vida íntegra para ele. Ele o motivou e o mentoreou. Capacitou-o. E, ao longo dos anos, Mitch tornou-se um formador de opinião de categoria mundial. Por meio de seu negócio de organização e palestras, Mitch também toca a vida de centenas de milhares de pessoas todos os anos em mais de vinte países ao redor do mundo. E, melhor de tudo, ele usa sua influência para levantar mais líderes que aprendem como impactar de forma positiva a vida de muito mais pessoas. Ele reproduz sua influência em outros, o que é o assunto do capítulo final deste livro.

Checklist da influência
Capacite as pessoas

■ **Dar aos outros mais que apenas algo para fazer.** Se você lidera um negócio, um departamento, uma família, uma igreja ou qualquer outro tipo de organização, é provável que esteja se preparando para transferir algumas responsabilidades para outros. Antes de iniciar oficialmente o processo, planeje com cuidado sua estratégia de passagem do bastão usando a seguinte lista:

Descreva a tarefa: _____

Nome da pessoa para quem dará isso: _____

Que conhecimento a tarefa exige? _____

A pessoa tem o conhecimento exigido? [ ] Sim [ ] Não

Que habilidades a tarefa exige? _____

A pessoa tem as habilidades exigidas: [ ] Sim [ ] Não

Você exemplificou como quer que o trabalho seja feito?
[ ] Sim [ ] Não

Deu autoridade e permissão para a pessoa ser
bem-sucedida? [ ] Sim [ ] Não

Transmitiu publicamente sua confiança na pessoa?
[ ] Sim [ ] Não

Deu, em particular, *feedback* para a pessoa? [ ] Sim [ ] Não

Determinou uma data para liberar a pessoa a continuar por
conta própria? [ ] Sim [ ] Não

Repita esse processo com cada tarefa que pretende delegar até isso se tornar sua segunda natureza. Mesmo quando alguém que você capacita é bem-sucedido e está bem firme no desempenho, continue a elogiar, encorajar e mostrar publicamente sua confiança.

Capítulo 10

Uma pessoa de influência...

Reproduz outras pessoas influentes

Multiplicar — *Reproduzir*

Orientar

Motivar

Modelar

No início deste livro, falamos sobre formadores de opinião e, em especial, acerca das pessoas que causaram impacto em nossa vida, como Glenn Leatherwood, professor de John na escola dominical — e Jerry e Patty Beaumont, que puseram Jim e Nancy sob suas asas na época em que Eric nasceu. Nossa vida é repleta de pessoas influentes maravilhosas. Mas o maior valor foi acrescentado à nossa vida pelas pessoas que não só nos influenciaram, mas também nos transformaram em formadores de opinião. No caso de John, seu pai, Melvin Maxwell, moldou-o e modelou-o ao máximo, ajudando-o a se tornar um líder excelente. E no caso de Jim, é provável que esse lugar seja de Rich DeVos.

Cresci em uma família excelente. Tínhamos muito amor, embora não tivéssemos muito dinheiro. A percepção de meu pai sobre política e economia era bem liberal, e seu conselho para mim foi para fazer faculdade e conseguir um bom emprego. Mas quando estava na casa dos vinte anos, ouvi Rich DeVos pela primeira vez e fiquei hipnotizado. Ele me apresentou todo um novo paradigma; falou sobre livre empreendimento, o valor do indivíduo, dos sonhos, da liberdade e do "capitalismo compassivo". Ele também falou a respeito de sua fé em Deus e encorajou as pessoas a viver com integridade e paixão. Nunca ouvira antes uma filosofia que fizesse tanto sentido quanto essa mensagem simples de realização pessoal. Fui transformado para sempre.

Claro que hoje Rich DeVos é um dos homens de negócios mais influentes do mundo. Ele é fundador e ex-presidente da Amway; é dono do Orlando Magic da NBA; é presidente da Gospel Films e da Fundação DeVos; além de receber solicitações frequentes para prestar consultoria de negócios para presidentes e outros líderes influentes. Jim consultou-o como líder e mentor e, com os anos, passou a chamar Rick de amigo.

Rich DeVos entende o valor de levantar líderes, pessoas capazes de se tornarem formadoras de opinião. De alguma maneira, ensinar os outros a se tornarem líderes é como passar o bastão na corrida de revezamento. Se você corre bem, mas não consegue passar o bastão para o outro corredor, perde a corrida. Mas se corre bem, recruta e treina outros bons corredores e aprende a passar o bastão sem percalços, então pode vencer. E quando se trata de influenciar, se você consegue fazer esse processo repetidamente, pode multiplicar sua influência de maneira incrível.

O PODER DE MULTIPLICAÇÃO

No trabalho com pessoas que nós dois temos feito, aprendemos a passar o bastão. Nunca seríamos bem-sucedidos se não tivéssemos aprendido isso. E, agora, queremos passá-lo para você. Se você atravessou com sucesso o processo de influência, então aprendeu como frazer a corrida. Entendeu o quanto é importante modelar a integridade. Aprendeu a motivar as pessoas nutrindo-as, tendo fé nelas, ouvindo-as e entendendo-as. Entendeu que as pessoas crescem, de fato, só quando são mentoreadas. Elas têm de ser elevadas, têm de navegar através das dificuldades da vida, conectadas e capacitadas. Neste momento, você está fazendo uma boa corrida. E se mentoreia outros, você consegue que eles também corram agora. Mas está na hora de passar o bastão, e se não o puser nas mãos delas, a corrida está acabada. Elas não terão motivo para continuar a correr, e o momento morre com elas.

Por isso, a fase de reprodução é tão relevante. Dê uma olhada em alguns benefícios de recriar líderes em sua organização que sejam capazes não só de segui-lo, mas também de influenciar outros e levantá-los.

- *Reproduzir líderes eleva sua influência a um novo patamar.* Sempre que influencia as pessoas que não podem exercer ou que não exercem influência sobre outros, você limita a própria influência. Mas quando influencia líderes, o faz indiretamente entre todas as pessoas que eles influenciam. O efeito é a multiplicação. (Essa ideia é tratada em grande profundidade no livro de John, *Developing the Leaders Around You* [Desenvolvimento dos líderes a sua volta].) Quanto maior sua influência, maior o número de pessoas que pode ajudar.

- *Reproduzir líderes eleva o potencial pessoal dos novos líderes.* Sempre que você ajuda outros a se tornarem líderes melhores, eleva a barra de seu potencial. Liderança é o ponto alto na capacidade da pessoa de desempenhar e influenciar. A pessoa que age de forma independente e não pratica a liderança pode realizar apenas até certo ponto, tanto pessoal quanto profissionalmente. Mas tão logo as pessoas entendem a liderança e começam a praticar seus princípios, abrem a tampa do potencial pessoal. E se lideram pessoas que lideram outras, o potencial que podem alcançar é quase ilimitado.

- *Reprodução de líderes multiplica os recursos.* Quando desenvolve líderes, você descobre que seus recursos aumentaram de valor. Você tem mais tempo porque pode compartilhar o fardo e delegar cada vez mais autoridade. Quando as pessoas de sua equipe aprendem liderança, tornam-se mais sábias e mais valiosas como conselheiras. E, como bônus adicional, você recebe lealdade pessoal por parte de praticamente todos que levantou.

- *Reprodução de líderes garante futuro positivo para sua organização.* G. Alan Bernard, presidente da Mid Park, Inc., põe a questão de levantar líderes em perspectiva: "O bom líder sempre tem a sua volta os que são melhores que ele em tarefas específicas. Esse é o marco da liderança. Nunca tenha medo de contratar ou administrar pessoas que são melhores que você em determinados trabalhos. Elas só podem tornar sua organização mais forte." Não só sua organização fica mais forte quando você desenvolve líderes, mas isso também dá à organização um futuro firme. Se apenas duas pessoas na organização são capazes de exercer liderança, a organização não pode prosperar quando elas se aposentarem ou algo acontecer com elas. Talvez a organização nem mesmo sobreviva.

Em 1995, John teve a oportunidade de ver exatamente como uma organização reage quando seu líder sai depois de equipar e capacitar muitos líderes fortes para atuar ali. Depois de quatorze anos de liderança e reprodução de líderes na Igreja Skyline Wesleyan, John aposentou-se de sua posição como pastor sênior. Ele saiu para que pudesse se devotar em tempo integral à INJOY, sua organização que oferece seminários e materiais para crescimento de liderança e desenvolvimento pessoal. Qual foi o resultado desse movimento? A Skyline está indo muito bem. Na verdade, cerca de um ano depois da saída de John, ele recebeu um bilhete de Jayne Hansen, funcionária da INJOY, cujo marido, Brad, estava na equipe da Skyline.

Querido John,

Estava pensando na Skyline e em como ela realmente prosperou desde que você saiu. [...] É um absoluto tributo ao tipo de liderança e ministério leigo que você desenvolveu. Temos um exemplo vivo do ditado "Pratique o que prega", desvelando-se diante de nossos olhos enquanto observamos o fruto de seu trabalho. Posso dizer a todos, sem sombra de dúvida, que os princípios que você ensina funcionam. Não consigo imaginar honra maior que um homem derramar sua vida em algo e ver isso florescer! Que vergonha seria ter um ministério morto na vinha quando um homem sai. Obrigada por derramar sua vida em nós.

Sua amiga

Jayne

Mentorear uma pessoa para desenvolver seu potencial de liderança realmente pode fazer uma imensa diferença — para sua organização, para seu pessoal e para você.

DESPERTAR O REPLICADOR EM VOCÊ

Todos têm o potencial para multiplicar sua influência desenvolvendo e replicando líderes. Para despertar o replicador em você, transforme os seguintes princípios em parte de sua vida:

Lidere-se bem

Ser capaz de liderar outros começa com liderar-se bem. Você não pode reproduzir o que não tem. Como Truett Cathy, empreendedor e fundador da cadeia de restaurantes Chick-Fil-A, disse: "O primeiro motivo pelo qual os líderes são malsucedidos é sua inabilidade de liderar a si mesmos."

Quando pensamos em autoliderança, muitas qualidades vêm à mente: integridade, prioridades corretas, visão, autodisciplina, habilidade para solução de problemas, atitude positiva e assim por diante. Desejo e plano estratégico para o desenvolvimento pessoal podem ajudá-lo a cultivar essas qualidades, mas o maior obstáculo para se tornar um líder pode ser você mesmo. Sheldon Kopp, psicólogo, comentou a respeito desse problema: "Todas as batalhas relevantes são travadas no interior da pessoa."

Se ainda não participa de um programa de crescimento e desenvolvimento de liderança, comece hoje. Ouça alguns áudios. Vá a conferências. Leia livros esclarecedores. (O livro de John, *Developing the Leader Within You* [Você nasceu para liderar], é um excelente início para desenvolvimento de liderança.) Se tornar o crescimento pessoal seu objetivo semanal e disciplina diária, pode tornar-se um replicador de líderes. H. P. Liddon, teólogo do século XIX, percebeu claramente essa conexão quando afirmou: "É provável que o que fazemos em uma grande ocasião dependa do que já somos; e o que somos é o resultado dos anos anteriores de autodisciplina." O desenvolvimento pessoal paga dividendos.

Procure continuamente líderes em potencial

Lou Holtz, principal ex-treinador do time de futebol Notre Dame, disse isto sobre um assunto que conhecia bem: "Você tem de conseguir bons atletas para vencer, não importa quem seja o treinador." A mesma coisa é verdade em sua vida pessoal e profissional. Você precisa de boas pessoas com potencial para liderança se quiser replicar líderes. Andrew Carnegie, industrial, enfatizou que "nenhum homem será um grande líder se quiser fazer tudo ele mesmo e levar todo o crédito por fazer isso." Desenvolvedores de pessoas eficazes estão sempre à espreita de líderes em potencial.

Diz-se que quando o aluno está preparado, o professor aparece. Mas também é verdade que quando o professor está preparado, o aluno aparece. Se você continuar se desenvolvendo como líder, logo estará preparado para desenvolver outros. E se quiser ser um grande replicador de líderes, precisa procurar e recrutar as melhores pessoas possíveis.

Coloque a equipe em primeiro lugar

Grandes desenvolvedores de líderes pensam no bem-estar da equipe antes de pensar neles mesmos. J. Carla Northcutt, que recebe os áudios mensais INJOY Life Club, de John, declara: "O objetivo de muitos líderes é fazer com que as pessoas tenham em alta consideração a posição de líder. O objetivo de um grande líder é ajudar as pessoas a pensarem de forma mais elevada a respeito de si mesmas."

Bill Russell era um bem dotado jogador de basquete. Muitos o consideram o melhor jogador de equipe da história do basquete profissional. Russell observou: "A medida mais importante de como joguei bem um jogo é o quanto contribui para que meus companheiros de time jogassem melhor." Essa é a atitude necessária para se tornar um grande replicador de líderes. A equipe tem de vir em primeiro lugar.

Você se considera um jogador de equipe? Responda às seguintes perguntas para ver onde você está no que se refere a promover o bem da equipe:

SETE PERGUNTAS PARA ORIENTAÇÃO DA EQUIPE BEM-SUCEDIDA

1. Acrescento valor aos outros?
2. Acrescento valor à organização?
3. Sou rápido em abrir mão do crédito quando as coisas dão certo?
4. Nossa equipe está acrescentando novos membros de forma consistente?
5. Uso meus jogadores "reservas" quando posso?
6. Muitas pessoas da equipe tomam decisões importantes de forma consistente?
7. A ênfase da nossa equipe está mais em criar vitórias que em produzir estrelas?

Se você respondeu não a alguma dessas perguntas, talvez queira reavaliar sua atitude em relação à equipe. Diz-se que o líder supremo é aquele que está disposto a desenvolver pessoas a ponto de, no fim, elas o superarem em conhecimento e habilidade. Esse deve ser seu objetivo quando multiplica sua influência por meio do desenvolvimento de líderes.

Comprometa-se a desenvolver líderes, e não seguidores

Acreditamos que, hoje, nosso país vivencia uma crise de liderança. Não muito tempo atrás, vimos um artigo na revista *New Republic* que falava sobre isso. Em parte, o artigo dizia: "Duzentos anos atrás, uma pequena república na fronteira do deserto, de repente, produziu pessoas como Jefferson, Hamilton, Madison, Adams e outros. Contudo, a população total era de apenas 3 milhões de pessoas. Hoje, temos mais de 200 milhões de habitantes. Onde estão as grandes pessoas? Deveríamos ter sessenta Franklins em uma matéria de capa sobre liderança. A busca foi em vão."

Ralph Nader, defensor dos consumidores e fundador do *Center for Responsive Law* [Centro para Lei Reativa], declarou: "A função do líder é produzir mais líderes, e não mais seguidores." Talvez duzentos anos atrás, as pessoas entendiam isso melhor. Mas, hoje, a produção de líderes não é uma prioridade. Além disso, desenvolver outros líderes nem sempre é fácil nem simples, sobretudo para pessoas que são líderes naturais. Como Peter Drucker, especialista em gestão, observou: "Pessoas que sobressaem em algo raramente conseguem dizer como fazer isso."

Por isso, é importante que a pessoa que quiser levantar outros líderes esteja comprometida com a tarefa. Já dissemos isso antes e repetiremos aqui: tudo começa e acaba na liderança. Quando eleva e capacita líderes, isso impacta positivamente a você mesmo, sua organização, as pessoas que desenvolve e todas as pessoas que a vida delas toca. Reprodução de líderes é a tarefa mais importante de qualquer pessoa que exerce influência. Se quiser causar impacto, tem de estar comprometido com o desenvolvimento de líderes.

MOVER-SE DE MANUTENÇÃO PARA MULTIPLICAÇÃO

Muitas pessoas vivem no modo manutenção. Seu principal objetivo é evitar perder chão, em vez de tentar fazer progresso. Mas esse é o estágio mais baixo da vida quando se trata de desenvolvimento de pessoas. Se quiser causar impacto, tem de se esforçar para se tornar um multiplicador. Dê uma olhada nos cinco estágios que existem entre manutenção e multiplicação, começando com o mais baixo:

1. Luta

Cerca de 20% de todos os líderes vivem no estágio mais baixo do processo de desenvolvimento. Eles não estão fazendo nada para desenvolver pessoas em sua organização e, como resultado disso, seu índice de atrito é muito maior que o usual. Eles parecem não conseguir manter ninguém que recrutam. Por isso, dizemos que estão no estágio de luta — eles gastam a maior parte de seu tempo lutando para encontrar pessoas para substituir as que perdem. Talvez você conheça proprietários de pequenos negócios que parecem permanecer no modo luta. O ânimo na organização deles permanece baixo, e não demora muito para que eles sejam vencidos pela exaustão.

2. Sobrevivência

O estágio seguinte na escala do desenvolvimento é o modo de sobrevivência. Aqui, os líderes não fazem nada para desenvolver seu pessoal, mas administram para manter as pessoas que têm. Cerca de 50% de todos os líderes organizacionais funcionam dessa maneira. Sua organização é regular, seus funcionários estão insatisfeitos, e ninguém está desenvolvendo o potencial pessoal. Ninguém se beneficia, de fato, dessa abordagem da liderança. Todos apenas sobrevivem, dia a dia, sem muita promessa nem esperança para o futuro.

3. Sifão

Cerca de 10% de todos os líderes trabalham no desenvolvimento de seu pessoal para que se tornem líderes melhores, mas negligenciam a construção de um relacionamento com seu pessoal. Como resultado, seus líderes em potencial deixam a organização em busca de outras oportunidades. Em outras palavras, elas são tiradas da organização. Com frequência, isso causa frustração ao líder porque outras pessoas se beneficiam de seu esforço e ele tem de dedicar muito tempo na busca por substitutos.

4. Sinergia

Quando os líderes constroem relacionamentos fortes e desenvolvem pessoas para se tornarem bons líderes — capacitando-as para alcançar seu potencial e conseguindo mantê-las na organização — acontece algo maravilhoso. Muitas vezes chamamos isso de sinergia, representando que o todo é maior que a soma de suas partes, pois as partes interagem bem juntas e criam energia, progresso e força viva. A organização que está no estágio de sinergia tem ânimo elevado e alta satisfação com o trabalho. Todos se beneficiam disso. Só cerca de 19% de todos os líderes alcançam esse estágio, mas os que alcançam geralmente são considerados os melhores que existem.

5. Relevância

Muitas pessoas que alcançam o estágio de sinergia nunca tentam ir adiante porque não percebem que podem dar mais um passo no processo de desenvolvimento, e esse passo é para o estágio de relevância. Líderes nesse estágio desenvolvem e reproduzem líderes que permanecem na organização e trabalham para alcançar seu potencial e que, por sua vez, desenvolvem líderes. E é aí que a influência realmente se multiplica. Apenas cerca de 1% de todos os líderes alcançam esse estágio, mas os que alcançam conseguem chegar a um crescimento potencial de influência quase ilimitado. Um grupo de líderes funcionando continuamente no estágio de relevância pode causar impacto no mundo.

COMO ELEVAR LÍDERES QUE REPRODUZEM LÍDERES

Em um artigo publicado pela revista *Harvard Business Review*, o autor Joseph Bailey examinou o que é necessário para ser um executivo bem-sucedido. Na condução de sua pesquisa, ele entrevistou mais de trinta executivos de primeira linha e descobriu que todos eles aprenderam pessoalmente com um mentor.[1] Se quiser levantar líderes que reproduzam outros líderes, você precisa orientá-los.

Somos informados que nas salas de emergência dos hospitais os enfermeiros repetem o seguinte ditado: "Observe um, faça um, ensine um." A frase refere-se à necessidade de aprender rapidamente uma técnica; o enfermeiro tem de começar a usá-la de imediato, aplicando-a em um paciente e, depois, passando-a para outro enfermeiro. O processo de mentorear para desenvolver líderes funciona de maneira semelhante. Isso acontece quando você coloca líderes em potencial sob sua asa, desenvolve-os, capacita-os, compartilha com eles como se tornarem pessoas que exercem influência e, depois, libera-os para sair e elevar outros líderes. Toda vez que faz isso, você planta sementes para um sucesso maior. É como o romancista Robert Louis adverte: "Não julgue cada dia pela colheita que faz, mas pelas sementes que plantou."

Agora, você sabe o que é necessário para se tornar uma pessoa que exerce influência, para impactar positivamente a vida dos outros. Ser um formador de opinião representa:

- Modelar *integridade* em todos com que tem contato.
- *Alimentar* as pessoas de sua vida para fazê-las se sentirem valorizadas.
- Mostrar *fé* nos outros para que acreditem em si mesmos.
- *Ouvir* as pessoas para que construa seu relacionamento com elas.
- *Entender* as pessoas para que possa ajudá-las a realizar seus sonhos.
- *Engrandecer* as pessoas a fim de aumentar o potencial delas.
- *Conduzir* as pessoas apesar das dificuldades da vida até que possam fazer o que precisam por si mesmas.
- *Conectar-se* com as pessoas para movê-las a um estágio mais alto.
- *Reproduzir* outros líderes para que sua influência continue a crescer por intermédio de outros.

Ao longo dos anos, Jim e eu trabalhamos firme para tornar esse processo mais que um mero conjunto de princípios ou um método de trabalho. Tentamos transformar o investimento nos outros em uma forma de vida. E conforme o tempo passa, continuamos a trabalhar para nos tornar melhores desenvolvedores de pessoas. Nossa recompensa é observar o impacto que causamos na vida de outras pessoas. Ouça esta história de Jim:

Uma das maiores coisas a respeito de se tornar uma pessoa que exerce influência é que, na verdade, você vê a vida dos outros mudar diante de seus olhos. No capítulo anterior falei sobre Mitch Sala, a quem observei o desenvolvimento até se tornar uma pessoa de impacto. Mas o que eu não disse é que Mitch se tornou mais que apenas um formador de opinião. Ele mesmo passou por todo o processo de desenvolvimento e, agora, também é um grande replicador de formadores de opinião.

Uma de suas histórias de maior sucesso é a de um homem chamado Robert Angkasa. Robert é da Indonésia, tem MBA da Universidade de Sidney e costumava trabalhar para o Citibank, onde se tornou vice-presidente, em Jacarta, quando tinha trinta anos.

Robert sempre trabalhou duro. Enquanto estava na escola, dirigiu táxi, trabalhou em cozinha de restaurantes e na limpeza de estádios após concertos. Mas, alguns anos atrás, ele conheceu Mitch Sala. Mitch pôs Robert sob sua asa, motivou-o, mentoreou-o e capacitou-o a se tornar uma pessoa que exerce influência.

Robert diz: "A virada na minha vida aconteceu quando conheci Mitch. De início, tudo que percebi foi que ele era uma pessoa boa. Porém, quanto mais tempo eu passava com ele, mais percebia que queria ser como ele, embora ainda sendo eu mesmo. Mitch ensinou-me que o caminho para o sucesso vem por meio da integridade e do trabalho duro. Hoje, experimento a doçura de uma nova vida. Desfruto a segurança financeira, que veio do trabalho duro, porém, mais que isso, estou me tornando uma pessoa melhor. Sinto um prazer imenso e grande satisfação em ajudar outros. Sou uma pessoa, um marido e um homem de família melhor. Devo muito do que sou hoje a Mitch. Ele é mentor, amigo e pai. Agradeço a Deus todos os dias por todas as bênçãos que recebo por intermédio de Mitch. E o que estou tentando fazer agora é ser para os outros o que ele é para mim. Quero ajudar outros a ter uma vida melhor. A palavra obrigado não parece suficiente, mas é a melhor palavra que encontrei.

Hoje, Robert impacta a vida de milhares de pessoas por toda a Indonésia, Malásia, China e Filipinas. Ele é um dos diversos líderes de negócio importantes que Mitch está mentoreando agora. E a influência de Robert continua a crescer todos os dias.

Meu amigo, você tem o mesmo potencial de Robert Angkasa, Mitch Sala ou Jim Dornan. Você pode se tornar uma pessoa que exerce influência e causa impacto na vida de muitas pessoas. Mas a decisão é sua. Você pode desenvolver seu potencial de exercer influência ou deixar que ele permaneça não realizado. Jim passou o bastão para Mitch, que descobriu Robert e o ensinou a correr. Ele foi bem-sucedido em passar o bastão para Robert, e, agora, este está correndo. Há mais um par de pernas — e o bastão está preparado. Agora é sua chance. Estenda a mão, pegue o bastão e termine a corrida que só você pode correr. Torne-se uma pessoa que exerce influência e mude seu mundo.

Checklist da influência
Replicando outros formadores de opinião

- **Desenvolva seu potencial de liderança.** A forma de estar preparado para ensinar liderança a outros é continuar a desenvolver o próprio potencial de liderança. Se ainda não estiver se dedicando a um plano pessoal de crescimento, comece hoje. Selecione áudios, livros e revistas que reverá toda semana durante os próximos três meses. O crescimento só acontece se transformar isso em um hábito.

- **Encontre pessoas com potencial de liderança.** Enquanto você engrandece e capacita continuamente as pessoas a sua volta, algumas se destacam como líderes em potencial. Escolha a pessoa com maior potencial para ter um mentoreado especial e converse com ela sobre desenvolver ainda mais sua habilidade de liderança. Continue apenas se a pessoa quiser ser desenvolvida e concordar em mentorear outros em liderança no futuro.

- **Ensine a pessoa a ser líder, não apenas a desempenhar tarefas.** Conceda à pessoa total acesso a você e passe muito tempo modelando liderança. Devote tempo todas as semanas para aumentar o potencial de liderança da pessoa por meio de ensinamentos, compartilhamento de recursos, matrícula em seminários e assim por diante. Faça tudo que estiver ao seu alcance para ajudar essa pessoa a alcançar seu potencial de liderança.

Notas

Introdução

1. MAXWELL, John C. *Você Nasceu para Liderar*. Rio de Janeiro: Thomas Nelson Brasil, 2008.

2. HERZOG, Brad. *The Sports 100: The One Hundred Most Important People in American Sports History*. New York: MacMillan, 1995, p. 7.

Capítulo 1

1. COVEY, Stephen R. *Os sete hábitos das pessoas altamente eficazes*. Rio de Janeiro: Best-Seller, 2005.

2. Provérbios 22:1.

3. PHILLIPs, Donald T. *Lincoln on Leadership: Executive Strategies for Tough Times*. New York: Warner Books, 1992, p. 66-67.

4. KYNES, Bill. *A Hope That Will Not Disappoint*. In: Best Sermons 2. New York: Harper and Row, 1989, p. 301.

Capítulo 2

1. SHOSTROM, Everett. *Man the Manipulator*.

2. Bits and Pieces.

3. CANFIELD, Jack; HANSEN, Mark Victor. *All the Good Things. In: Chicken Soup for the Soul*. Deerfield Beach: Health Communications, 1993, p. 126-28.

4. GORDON, Arthur. The Gift of Caring. In: *A Touch of Wonder*.

5. ASIMAKOUPOULOS, Greg. Icons Every Pastor Needs. *Leadership*. 1993, p. 109.

6. RAINEY, Dennis e RAINEY, Barbara. *Building Your Mate's Self-Esteem*. Nashville: Thomas Nelson, 1993.

Capítulo 3

1. 1 Samuel 17:32-37.

Capítulo 4

1. Citado por Fred Barnes na revista *New Republic*.

2. GRIMES, David. Sarasota, Flórida: *Herald-Tribune*.

3. ADAMS, Brian. *Sales Cybernetics*. Wilshire Book Co., 1985, p. 110.

4. ALLENBAUGH, Eric. *Wake-Up Calls*. Austin: Discovery Publications, 1992, p. 200.

Capítulo 5

1. MARKOWICH, M. Michael. Management Review. In: *Behavioral Sciences Newsletter*.

2. MORTELL, Art. *How to Master the Inner Game of Selling*, v. 10, n. 7.

3. KEITH, Kent M. *The Silent Revolution: Dynamic Leadership in the Student Council*. Cambridge, Mass: Harvard Student Agencies, 1968.

4. Eclesiastes 4:9-12.

5. SCHULLER, Robert ed. *Life Changers*. Old Tappan, NJ: Revell.

Capítulo 6

1. In: MANDINO (Org). *The Return of the Ragpicker*.

Capítulo 7

1. *Saturday Review*.

2. Citado em propaganda, revista *Esquire*.

3. FEINBERG, Mortimer R. *Effective Psychology for Managers*.

4. The Top Problems and Needs of Americans. In: *Ministry Currents*. Jan-mar, 1994.

5. HANSEL, Tim. *Holy Sweat*. Waco: Word, 1987, p. 134.

6. ZELINSKI, Ernie J. *The Joy of Not Knowing It All*. Edmonton, Alberta, Canada: Visions International Publishing, 1995, p. 114.

7. ARMSTRONG, David. Managing by Storying Around. In: *The Competitive Advantage*.

Capítulo 8

1. PETERS, Tom; AUSTIN, Nancy. *A Passion for Excellence*.

2. RUTH, Charles B. *The Handbook of Selling*. Prentice-Hall.

3. LITTAUER, Florence. *Personality Plus*. Grand Rapids: Revell, 1983, p. 24-81.

4. SANDBERG, Carl. *Lincoln: The Prairie Years*.

Capítulo 9

1. *The Nordstrom Way*, p. 15-16.

Capítulo 10

1. BAILEY, Joseph. Clues for Success in the President's Job. In: *Harvard Business Review*, 1983.

Sobre os Autores

JOHN C. MAXWELL é um especialista em liderança, orador e autor internacionalmente reconhecido, que já vendeu mais de 18 milhões de livros. Dr. Maxwell é o fundador da EQUIP, uma organização sem fins lucrativos que já treinou mais de dois milhões de líderes em 126 países por todo o mundo. Todo ano ele fala a líderes de diversas organizações, como empresas da Fortune 500, governos internacionais, a Liga Nacional de Futebol, a Academia Militar dos EUA em West Point, e as Nações Unidas.

Escritor com livros na lista de best-sellers do *New York Times*, *Wall Street Journal* e *Business Week*, Maxwell já escreveu três livros que venderam mais de um milhão de cópias cada: *As 21 irrefutáveis leis da liderança*, *Você nasceu para liderar* e *As 21 indispensáveis qualidades de um líder*. Seu *blog* pode ser lido em JohnMaxwellon Leadership.com.

JIM DORNAN cursou Engenharia Aeronáutica na Universidade Eurdue e obteve êxito na transição do aeroespaço para o mundo do *marketing* global. É presidente e proprietário da Network TwentyOne International. Como empreendedor visionário, levou a empresa para 26 países ao redor do mundo, com seminários frequentados por mais de cem mil pessoas por mês. Ele também é cofundador, junto com John Maxwell, da Fundação EQUIP, sem fins lucrativos. A mistura única de Dornan de lógica e compaixão influencia e impacta positivamente.

Este livro foi composto em Adobe Calson Pro 12/15
e impresso pela Assahi sobre papel avena 80g/m²
para a Thomas Nelson Brasil em 2019.